Volker Christmann

Das Yoga-Buch

Philosophie und Praxis des Yoga

Mit zahlreichen Abbildungen

W0078811

Knaur

*Für Sybille, Dennis und Sebastian
und alle meine Freunde und Lehrer –
hier und in Indien.*

*Ein besonderer Dank gilt der Familie von
Mr. und Mrs. G. L. Sanghi und
Mrs. Sumati Panicker-Otto, die mir bei meinen
Reisen in Indien unschätzbare Dienste erwiesen
und mich in ihre Familie aufnahmen.*

»›Yoga‹, Sanskrit, wörtlich ›Joch‹, im Sinn von Anschirren an Gott, Vereinigung mit ihm suchen. Da jeder Weg zur Gotteserkenntnis als Yoga bezeichnet werden kann, gibt es im Hinduismis zahlreiche Namen für die verschiedenen Yoga-Wege … Wird im Abendland von Yoga gesprochen, so meint man meist den Hatha-Yoga, der auf Körperübungen in Verbindung mit Atemübungen basiert. Dieser ›körperliche‹ Yoga gilt in Indien jedoch nur als eine Vorbereitungsübung für die geistigen Yoga-Formen …« (*Lexikon der östlichen Weisheitslehren*)

Im oben zitierten Sinne versteht Volker Christmann Yoga als Geisteshaltung und als evolutionären Weg. Das Yoga-Buch doziert nicht über Yoga, sondern ist entstanden aus den persönlichen Erfahrungen des Autors mit seinen indischen Lehrern und deren jahrtausendealter Philosophie. Das vorliegende Buch bietet uns einen Leitfaden für die tägliche Arbeit an sich selbst.

Volker Christmann, verheiratet, zwei Kinder, unterrichtet Wirtschaftswissenschaften und Germanistik. Seit über zwanzig Jahren Beschäftigung mit östlicher Philosophie. Zahlreiche Reisen in die Türkei, zu den Quellen des Sufismus, und nach Indien, wo der Autor Hatha- und Raja-Yoga lernte und praktizierte.

Esoterik

Herausgegeben von Gerhard Riemann

Originalausgabe Januar 1992
© 1992 Droemersche Verlagsanstalt Th. Knaur Nachf., München

Das Werk einschließlich aller seiner Teile ist urheberrechtlich geschützt.
Jede Verwertung außerhalb der engen Grenzen des Urheberrechtsgesetzes ist
ohne Zustimmung des Verlages unzulässig und strafbar. Das gilt insbesondere
für Vervielfältigungen, Übersetzungen, Mikroverfilmungen und die
Einspeicherung und Verarbeitung in elektronischen Systemen.

© Fotos TS-Studio/Gerhard Tröster, Andrea Schmedt, Markgröningen
Umschlaggestaltung Peter F. Strauss
Satz DTP ba · br
Druck und Bindung Ebner Ulm
Printed in Germany
ISBN 3-426-04267-3

2 4 5 3 1

Wer dieses schaut, schaut nicht den Tod,
er sieht weder Krankheit noch Leid.
Wer dieses schaut, schaut alles, was ist,
er erlangt alles überall.

Chandogya Upanishad

INHALT

Vorwort 9

1 Indien – erster Eindruck 11
2 Acharyas – Lehrer 14
3 Vedanta – das Ende des Wissens 21
4 Yoga – Schlüssel zum Selbst 31
   Hauptwege des Yoga 31
   Raja Yoga, die Yoga Sutras des Patanjali . . . 35
5 Asanas – Körperhaltungen 55
   Reinigung von Nase und Mund 59
   Dynamische Übungen 61
   Lokomotivübung 61 *Kräftigung des*
   Rückens 62 *Sprungübungen* 62
   Die Asana-Reihe von Rishikesh 64
   Diamantsitz 64 *Rad und Verneigung* 66
   Schulterstand und Pflug 68 *Zange* 72
   Schmetterling 74 *Fisch* 76 *Kobra* 78
   Heuschrecke 80 *Bogen* 82 *Löwe* 84
   Krähe 86 *Pfau* 88 *Drehsitz* 90 *Hand-Fuß-*
   Stellung 93 *Kontraktionen des Bauches* 96
   Kopfstand 100 *Totenstellung* 108
6 Pranayama – Beherrschung der Lebenskraft . 109
   Prana 109

Energiekanäle und Energiezentren 111
   Wurzelzentrum 114 *Unterleibszentrum* 115
   Nabelzentrum 115 *Herzzentrum* 116
   Kehlkopfzentrum 117 *Stirnzentrum* 118
   Scheitelzentrum 118
Atemübungen 122
   Reinigungsatem 124 *Verjüngungsatem* 124
   Blasebalgatem 129
7 Konzentration und Meditation 135
Zurückziehen der Sinne 136
Meditation 138
   Fokussierung des Geistes 138 *Versenkung
   und Überbewußtsein* 144
8 Gott und die Welt – ein kurzer Abriß indischer
Philosophie 145
Die Entstehung der Welt 145
Hinduistisches Pantheon 146
   Brahma 147 *Vishnu* 147 *Shiva* 148
   Shakti 148
Die vier Weltzeitalter 150
Der Mensch 151
   Karma und Dharma 151 *Die Lebens-
   alter* 152 *Prakriti und Purusha* 153
Die sechs Systeme indischer Philosophie . . 155
   Vaisheshika 155 *Nyaya* 156 *Sankhya* 156
   Mimamsa 159 *Yoga und Vedanta* 159

Glossar 162
Kurze Bibliographie 170

VORWORT

Dieses Buch kann selbstverständlich keinen Lehrer ersetzen. Doch habe ich hier versucht, die Quintessenz des Raja Yoga so wiederzugeben, wie ich sie erfahren durfte. Da mich einige meiner Lehrer baten, ihre Namen nicht zu veröffentlichen, sind Personen- und Ortsnamen stellenweise verändert.

Raja Yoga ist der Urgrund aller Religionen, der Sanatana Dharma, das ewige Gesetz, wie es auch Buddha und Jesus lehrten, diese Archetypen wahren Menschseins. Und so sollten wir uns nicht scheuen, die Schönheit und Größe aller religiösen Wege für uns zu beanspruchen, denn sie sind unser wahres Erbe: der Baum der Erkenntnis wächst in jedem Garten. Doch wie Shivananda einmal sagte: »Eine Unze Praxis ist besser als eine Tonne Theorie.«

SAT EVA IDAM AGRE ASIT,

EKAM EVA ADVITIYAM.

TAT TWAM ASI.

PURNAM ADAH, PURNAM IDAM.

AHAM BRAHMASMI.

OM. SHANTI. SHANTI. SHANTI.

Wahrlich nur seiend war jenes am Anfang,
Eines ohne Zweites.
DAS bist Du.
Dieses ist Fülle, und jenes ist Fülle.
Dein SELBST ist Brahman.
Om. Friede. Friede. Friede.

INDIEN – ERSTER EINDRUCK

Die Ankunft war ein Schock: flirrende Hitze und stinkende Armut – August. Der Monsun hatte die Ebenen vergessen, und alles verbrannte zu fleckigem Staub. Ich war nach Indien gekommen, enttäuscht von all dem Klamauk um New Age, Hausfrauenkursen für Yoga und Geldmacherei. Indien! Traum vieler Jahre. Lebendige Religion! Heilige! Einsiedeleien, im Dschungel versteckt! Eremiten in den Höhlen des Himalaya … Indien! Doch der Traum entwickelte sich rasch zum Alptraum.

Yogis? Nicht zu finden! Dafür haschischrauchende Babas. Bettelnde Sadhus (Wandermönche). Ein paar Tricks für Leichtgläubige. Touristengurus im Windschatten Bhagwans und Maharishis. Versprechungen an allen Ecken und Enden. Geldmacherei auch hier, plump verpackt, spirituell verbrämt. Wo waren sie, all die großen Heiligen, von denen man im Westen ehrfürchtig flüsterte? Die Erleuchteten, die Siddhas, die lebenden Buddhas?

Und so floh ich durch dieses sterbende Land, auf der Flucht vor etwas, auf der Flucht zu etwas – ich wußte es nicht. Tage der Enttäuschung wurden zu Wochen. Ich floh vor der brütenden Hitze nach Kashmir, nach Ladakh. Doch ich fand – nichts. Nicht in den Klöstern hoch in den Bergen, nicht in den Hütten im Tal. Kali schwelgte überall in ihrem Werk der Auflösung und Zerstörung. Und das Lächeln Buddhas war seelenlos, nichtssagend und leer. Kurze Augenblicke der Ruhe, doch dann wieder hündische Blicke und Gier: »Bakshish, Sahib! Some rupies.«

Wo war sie, die *ewige Wahrheit,* der SANATANA DHARMA? Gott hatte sich auch von hier zurückgezogen, angeekelt von seiner eigenen Schöpfung, zurückgezogen in die unerreichbare Leere des Kosmos, mit seinen eigenen Problemen beschäftigt.

Auch die Gipfel des Himalaya waren öde und leer. Eine Felswand aus seelenlosem Stein trennte mich von mir selbst, und hoffnungslos rannte ich dagegen an. Was sollte all dieses Geschwätz über Meditation und *Peace of mind?* Das Ziel war unerreichbar. – Die letzte Flucht, die letzte Illusion: aus und vorbei und fast schon vergessen. Wo nur war es, das wirkliche Leben, ohne Unrast und Angst? Und ich sehnte mich nur noch nach dem Rocksaum der Mutter, nach Geborgenheit und Ruhe. Und doch stieß mich gleichzeitig alles fort, fort aus der Ruhe und Behaglichkeit eines *normalen* Lebens.

Ein gläserner Kosmos entfaltete sich über mir. Ich zog mit Nomaden durch die Täler des Himalaya, meditierte auf schneebedeckten Gipfeln, lebte mit den Mönchen in verborgenen Tälern. Doch die Unruhe blieb und die ständige Frage: Warum?

Alles Tun war sinnlos geworden, alles Nichttun sinnlos und leer. Ich war nur ein Schatten im tiefdunklen Schatten der Nacht, und das Bild des Gekreuzigten war mir stets vor Augen.

Es war ein kleines Kloster in Kashmir, zu dem mich ein Sadhu brachte. Längst glaubte ich nicht mehr daran, etwas zu finden. Doch die Tage wollten bewältigt sein. Warum also nicht mitgehen? Tschai, Unverbindliches, Geschwätz – Indien as usual.

Doch es wurde ganz anders.

Es war ein wilder Haufen, der sich hier versammelt hatte: langmähnige, bärtige Sadhus, Babas und kahlgeschorene Swamis aus dem Süden. Kashmiris, Punjabis. Und alle hatten nur ein Ziel: Amarnath! Eine Höhle in den Bergen, in der ein Stalagmit aus Eis wächst, meterhoch, ein Lingam, das Zeichen Shivas.

Und hier fand ich meinen ersten wirklichen Lehrer: Shri Swami Shankaranand Saraswathiji.

ACHARYAS – LEHRER

Er saß vor einer Wand voller kitschig-bunter Götter-
und Heiligenbilder: Krishna und Shiva, Vishnu, Rama
und Sita und, und, und – ein kleiner kahlgeschorener Swami, verwaschenes Ocker, strahlendes Lächeln: der Abt.
Wir tranken Tschai, redeten. Doch er konnte kaum Englisch, und meine paar Brocken Hindi waren bald ver-
braucht. Immer wieder kam einer der Sadhus, berührte
mit den Händen leicht seine Füße, dann die eigene Stirn:
DARSHAN.[1]

Dann nahm er mich mit in seine kleine Zelle: gestampfter
Lehmboden, ein Strohsack. Bilder seines Lehrers, der Höhle von Amarnath. Er selbst: in einer Yogaposition, nackt
bis auf den Lendenschurz. Ein alter Punjabi setzte sich zu
uns: Turban, weißer Bart und Strickweste. Er konnte Englisch! Und sofort begann er, mir von der Heiligkeit des
Swami zu erzählen, von seiner Gottgleichheit. Doch all das
kannte ich zur Genüge. Als der Swami merkte, daß wir über
ihn redeten, bat er ihn zu schweigen, freundlich, bestimmt.
Das war immerhin etwas Neues! Die meisten anderen
»Gurus« hatten es genossen, wenn über sie geredet wurde!

---

1 Erklärung der Worte aus dem Hindi und Sanskrit siehe Glossar am
  Ende des Buches.

Wir saßen in völliger Ruhe, nur das hohe Kreischen der Adler über dem nahen Jhelum-Fluß brach sich manchmal in den Bergen. Nach einer Weile stand der Swami auf. Ob ich ihn begleiten wolle? Er wollte eine Schöpfkelle kaufen, um das Essen an die vielen Sadhus zu verteilen, die im Garten des Ashrams lagerten. Er ging sehr schnell, kein langsames, »heiliges« Schreiten. Kaum konnte ich ihm durch das Gewühl in den engen Gassen der Altstadt folgen. Schwer lag der Geruch von Gewürzen über dem Bazar. Blutende Hammel hingen fliegenbedeckt in der Sonne. Teppiche und Leder, Silber. An einem kleinen Stand hielten wir. Der Swami kramte in dem Geschirr, feilschte mit dem Händler. Keine abgehobene Verklärtheit. Sehr praktisch, hausfrauenhaft. Und auf dem Heimweg zeigte er mir sein Indien:

Kleine Höfe hinter verborgenen Tempeln. Mönche, die ihren Glauben *lebten*. Zerrissene Kleider und strahlende Augen. Hilfsbereit. Tätige Nächstenliebe an den Ärmsten der Armen. Krüppel mit eiternden Wunden, fliegenübersät auch sie. Doch für die Mönche selbst dies: Ausdruck des Göttlichen.

Die meiste Zeit verbrachte ich in den nächsten Tagen im Ashram, meditierte vor dem SHIVALINGAM im Innern des Tempels oder saß bei den charrasrauchenden Sadhus im Garten oberhalb des mit Entengrütze überwucherten Sees. Auch ein paar Heilkundige waren im Ashram, heilten mit Hilfe von Yogaübungen und Mudras. Und auch sie hatten keine Geheimnisse vor mir, dem Westler, dem Ungläubigen. Sie zeigten mir verschiedene Methoden, um die Lage des Nabelzentrums zu messen, brachten mir Reinigungs-

und Kräftigungsübungen für die verschiedenen Organe bei. Und viele dieser Übungen zeigten beinahe augenblicklich ihre Wirkung.

Immer häufiger lud mich der Swami zu sich in seine Kammer. Er hielt nicht mehr viel von den Übungen des Hatha Yoga, die er jahrelang praktiziert hatte.

»Was nützt dir ein gesunder Körper, wenn du den Bewohner nicht kennst? Es ist PURUSHA, um den es wirklich geht, den ewigen Zeugen, den Betrachter des Spiels der Vergänglichkeit. Und dein Körper vergeht, gleichgültig wieviel Yoga du betreibst. Vielleicht wird dein Körper hundert Jahre alt, vielleicht mehr. Aber er vergeht. Warum willst du dich mit etwas Vergänglichem beschäftigen? Gut, du gewinnst vielleicht etwas Zeit, und das kann viel wert sein. Aber verlier bei deinen Übungen nie das Ziel aus den Augen: dein wahres Selbst, Gott. Und das hat nur sehr wenig mit deinem von Geburt an zum Tod verurteilten Körper zu tun.«

Er widmete sich nur noch seinen Aufgaben als Leiter des Ashrams, verteilte Nahrung an die Armen, half, wo er konnte, und zelebrierte die unterschiedlichen Pujas (Zeremonien) zu Ehren der vielen Götter, die doch in Wirklichkeit nur Ausdruck des unteilbaren EINEN sind.

Bald begleitete mich der Punjabi wie ein Schatten. Er war stolz auf die ungewohnte Position, in die er so unerwartet aufgestiegen war. Die meisten Sadhus konnten kein Wort Englisch, und so mußten sie stets zu ihm, wenn sie mit dem seltsamen Sahib aus dem Westen reden wollten, der sich unverständlicherweise für Yoga und Hinduismus interessierte, anstatt mit seinen Dollars und Travellerschecks das

Leben zu genießen – und natürlich freute er sich über die Essen, zu denen ich ihn in der Stadt einlud, über die ungewohnten Fahrten mit der Motorradriksha, wenn wir entferntere Tempel besuchten. Und wenn mich der Abt in seine Zelle bat, saß er stets neben mir. Unauffällig und doch voller Stolz übersetzte er gestenreich die Worte des Swami. »Das Prinzip des Guru taugt wohl nicht viel – für den Westen. Zu vieles steht zwischen eurer Art des Denkens und diesem Weg. Ihr solltet euch auf eure Vorzüge besinnen: selbständiges Denken, Kritikfähigkeit usw. Natürlich kann dir ein Lehrer viel geben, aber nimm ihn als das, was er für *dich* ist: ein Freund, ein Weggefährte, der den Weg kennt. Und du kannst jedes Wort von ihm prüfen. Kein wirklicher Lehrer erwartet sklavischen Gehorsam. Prüf jedes seiner Worte, prüf sein Tun. Natürlich gibt es Mysterien, Riten, die dir zunächst nicht einleuchten und fremd sind. Aber versuch es eine Woche, vielleicht zwei. Tut sich dann nichts – vergiß sie. Es sind nur leere Phrasen. Ballast auf dem Weg zu dir selbst. Und wenn sie einen Widerhall in dir finden, eine Saite in dir zum Schwingen bringen – atscha!«

Und eines Tages, kurz vor meiner Abreise, lehrte er mich eine Puja zu Ehren Shivas, des MAHAYOGIN, des Herrn des Yoga. An drei aufeinanderfolgenden Tagen ließ er sie mich ausführen, in diesem kurzen Augenblick des Zwielichts, wenn Tag und Nacht in der Schwebe stehen, ehe die Sonne die Berggipfel rötet. Butterlampen brannten, stechender Kampferduft erfüllte die Luft, und die Sanskrit-Mantras brachen sich an den Hängen.

Und dann ging ich durch die staubigen Straßen des frühen Morgens zum Bus. Vorbei an Händlern, die um die Hukas (Wasserpfeifen) kauerten, hustend und spuckend vor der erwachenden Stadt.

Die Fahrt zurück war die Hölle. Stehende Hitze und dröhnende Videos im Bus, eine Nacht auf den Straßen Jammus unter einem gleichgültigen Mond, der blutige Terror im Punjab. Lichtjahre entfernt schienen mir der Frieden und die Ruhe des Ashram.

Unterwegs machte ich noch einmal Rast an den Ausläufern des Himalaya, um in den Wäldern an den Ufern der Ganga zu meditieren. Und eines Nachmittags fand ich ihn dort in seiner Höhle. Gangesrauschen, wispernde Bäume im trägen Wind, gläserner Horizont und Stille. Nichts als Stille. Hörbar, fühlbar. Shri Bahadur Acharya Chandra: das Urbild des Yogi. Nackt. Langes strähniges Haar. Makelloser Körper. Vor allem aber: vollkommene Ruhe, Frieden.

In seiner Nähe meditierte ich zum ersten Mal, wie ich es mir immer gewünscht hatte, spürte mühelose Unendlichkeit des Seins: das eigene Selbst. Und eines Abends nahm er mich mit zu Swami Vedantanand, der an den Ufern des Ganges zu seinen Schülern sprach. Und auch ich wurde sein Schüler.

Seine Lehre war einfach:

AYAM ATMAN BRAHMAN.
Dein Selbst ist Brahman (ewiges Sein).

Immer wieder wiederholte er diese Quintessenz der Veden, der Upanishaden, des Vedanta, die »großen Worte« der *Chandogya Upanishad:*

SAT EVA IDAM AGRE ASIT, EKAM EVA ADVITIYAM.
Wahrlich nur seiend war Dieses am Anfang,
Eines, ohne Zweites.

TAT TWAM ASI.
Das bist du.

AHAM BRAHMAN ASMI.
Ich bin Brahman.

Wieder und immer wieder. Einhämmernd, gebetsmühlenhaft. Eine wirklich einfache Lehre! Doch wie kommt man zum Selbst? Wie befreien wir uns von der Abraumhalde unserer Erziehung, unserer Umwelt, der Last der Millionen Jahre der Evolution? Huxley beschreibt in seiner *Schönen neuen Welt* sehr klar die Prägung unserer Meinungen und Ansichten, unserer Urteile über uns selbst und die Welt, kurz all dessen, was wir gemeinhin unsere Persönlichkeit nennen:

»Nicht wie Wassertropfen, wenngleich Wasser Löcher in den härtesten Granit zu höhlen vermag, sondern eher wie Tropfen flüssigen Siegelwachses, die kleben, sich verkrusten und mit dem, worauf sie fallen, verschmelzen, bis der Felsblock ein einziger scharlachroter Klumpen ist.
Bis schließlich der Geist des Kindes aus lauter solchen Einflüsterungen besteht und die Summe dieser Einflüste-

rungen den Geist des Kindes bildet. Und nicht nur den des Kindes, auch den des Erwachsenen – zeit seines Lebens. Der urteilende, begehrende, abwägende Verstand – er ist aus diesen Einflüsterungen aufgebaut.«

Wie also kommen wir zu unserem SELBST? Wie verwirklichen wir den Wahlspruch des alten delphischen Orakels: Erkenne dich selbst – damit du Gott erkennst?

Sein Weg war einfach, eindeutig und klar: Raja Yoga und Vedanta. Er lehrte mich die Yoga Sutras des Patanjali, korrigierte meine Asanas und brachte mir einige zusätzliche Übungen bei. Doch immer wieder betonte er, daß es in Wirklichkeit nichts zu tun gibt, da wir längst am Ziel sind, seit Anfang aller Zeit, untrennbar verbunden mit dem göttlichen Sein, eins mit ihm. Wir haben nur vergessen, daß wir eins sind mit Gott, der Schöpfung, wie immer man es auch nennen mag.

Und er schickte mich zu weiteren Lehrern: zu Baba Ram Dass, einem Hatha Yogin, der oben in den Bergen in einer Höhle lebte, zu Advaitananda, einem Vedantin in Uttar Kashi, zu einem Schüler Tat Wale Babas, zu Paramananda, dem einzigen, der genug Englisch sprach, um mir seine Theorien des Vedanta zu erklären.

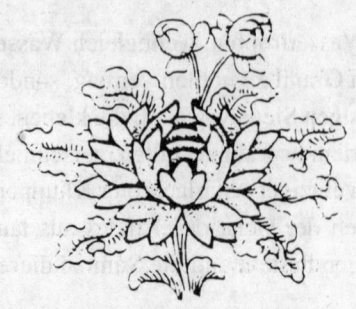

3

VEDANTA – DAS ENDE DES WISSENS

Er lebt in einer Hütte an den Ufern der Ganga: Swami Paramananda: kahlgeschoren, zahnloser Mund, hervorragendes Englisch. In einem alten Liegestuhl saß er vor seiner Hütte im Schatten eines riesigen Palisanderbaumes, zitierte Schopenhauer, Spinoza, Kant. Immer wieder Max Müller.

Ich besuchte ihn häufig in den nächsten Tagen, und immer wieder kehrte er auf die Grundfrage seiner Philosophie zurück:

»Was ist die letzte Prüfung, die sich uns allen stellt? Wovor hat nichts von all dem hier Bestand? – Es ist der Tod. Und so stellt sich uns unaufhörlich die Frage: Warum wurde ich geboren, wozu, wenn ich doch im gefräßigen Maul des Todes stehe? Und es gibt nur eine Antwort: um zu sterben! Das ist die letzte Herausforderung für ein menschliches Wesen: den Tod zu besiegen!

Und jeder muß seinen eigenen Weg als menschliches Wesen gehen – allein und im Angesicht des Todes. Hieraus entstehen unsere höchsten Tugenden. Mitgefühl und Mut! Mitgefühl mit allen Wesen, die wie wir diesem ständigen Kreislauf von Geburt und Tod und Leid unterliegen, und

Mut, Mut, das Leben trotzdem zu wagen und – vielleicht – den Tod zu besiegen.

Viele scheuen diese letzte Konsequenz und übertragen die Verantwortung für ihr Leben auf einen Guru. Doch was nützt der Guru – im Angesicht des Todes? Leuchtet selbst, sagte Buddha, als er im Sterben lag.

Jeder trägt die Verantwortung für sein eigenes Leben. Doch wie soll er sein *eigenes* Leben finden? Was nützt dir Meditation, wenn du den Meditierenden nicht kennst? Was nützt dir Yoga, was alle übernatürlichen Kräfte? Willst du dem Tod davonfliegen, dich vor ihm unsichtbar machen, seine Gedanken lesen? Was nützt dir die Stärke eines Elefanten, das Wissen um die Geheimnisse des Universums – im Angesicht des Todes!

Auch diese Dinge vergehen, all dies ist hoffnungslos. Natürlich ist dies ein wahrhaft heroischer Kampf, ästhetisch und voll menschlicher Größe – doch er ist von allem Anfang an verloren. Und deshalb versucht der Anhänger des Vedanta, die Wurzel all dessen zu zerschlagen, die Wurzel von Geburt, Leid und Tod. Aber wie kann dies gelingen? Hoffnungslos allein, von allen verlassen, im Rachen des Todes? Doch du hast mächtige Waffen! Wenn du Mut hast und die Angst hinter dir läßt, hast du mächtige Waffen: Viveka; Vairagya und Vichara – Unterscheidung, Entsagung und gründliche Prüfung.

Und damit zerschlagen wir die Wurzel aller Vergänglichkeit. Das ist die wahre Wissenschaft aller Religionen: Vedanta!«

Und im Lauf vieler Gespräche gab er mir *seine* Auslegung des Vedanta, wie er vor allem von Shankara gelehrt wurde. Meist saßen wir vor seiner Hütte an den Ufern des Ganges. Die sengende Sonne brach sich in den regungslosen Blättern des Dschungels, und nur das Rauschen des Flusses unterstrich mit ewiger Gleichförmigkeit seine Lehre.

»VEDA-ANTA: das Ende der Veden! Doch was bedeutet dies: Ende der Veden? Natürlich sind dies zunächst einmal die Upanishaden, die Schlußbetrachtungen zu den Veden, ihre eigentliche Interpretation. Doch es heißt noch viel mehr: VEDA heißt Wissen, und damit ist Vedanta das, was alles relative Wissen übersteigt, das Ende allen Wissens, der Ursprung allen Seins: Brahman. Und so lange der Mensch dies nicht erkennt, bleibt er gebunden auf das endlose Rad der Wiedergeburten:

Was hier ist, ist auch dort; und was dort ist, ist auch hier; Tod auf Tod erfährt, wer hier einen Unterschied sieht.«[1]

Immer wieder betonte er die Lehre von ADVAITA, der Nichtzweiheit:

Gott und ich, ich und Gott – sind eins.

ATMAN, unser eigentlicher Wesenskern, und BRAHMAN, der Urgrund aller Schöpfung, sind in Wirklichkeit eins:

1   *Katha Upanishad*

23

So wie ein Teller aus Metall, der von Schmutz bedeckt
ist, aufstrahlt, wenn der Schmutz entfernt wird, so wird
die Seele, die ihr wahres Sein erkannt hat, frei von
Kummer – sie ist vollendet, sie ist eins.[1]

Und nur unser Nichtwissen (AVIDYA) sperrt uns in dieses
Gefängnis aus Raum und Zeit. Es ist das ewige Spiel
Brahmans (LILA), das unseren Blick verschleiert, MAYA,
die kosmische Illusion. Doch was ist all dies? – Unstete
Bilder auf einer weißen Wand! Und so spinnt sich jeder
seine eigene Welt der Maya, sieht jeder nur *seine* Wirklich-
keit.
Ramakrishna erzählte folgendes Gleichnis:

Zwei Menschen stritten sich heftig um die Farbe eines
Chamäleons. Der eine behauptete, das Chamäleon auf
jenem Palmenbaum sei von schöner roter Farbe. Der
andere widersprach und meinte: »Du irrst, es ist nicht rot,
sondern blau.« So streitend trafen sie jemand, der für
gewöhnlich unter dieser Palme lebte und das Chamäleon
in allen seinen Farben beobachtet hatte. Einer der beiden
fragte: »Ist das Chamäleon auf jenem Baum nicht rot?«
Die Antwort: »Ja, mein Herr.« Der andere der beiden
Streitenden aber rief: »Was sagen Sie? Es kann doch nicht
rot sein, da ich es blau gesehen habe.« Freundlich kam die
Antwort: »Ja, mein Herr, auch Sie haben recht.« Er wußte,
daß das Chamäleon dauernd seine Farbe wechselt und
bejahte somit beide sich widersprechenden Meinungen.[2]

1 *Svetasvatara Upanishad*
2 Ramakrishna: *Leben und Gleichnis,* Bern 1975

Wenn einer ein anderes sieht, ein anderes hört, ein anderes erkennt: das ist das Beschränkte; wenn er kein anderes sieht, hört, erkennt: das ist die Unbeschränktheit. Das Beschränkte ist sterblich, die Unbeschränktheit ist das Unsterbliche.[1]

Wir müssen unsere Beschränktheit überwinden, die Fesseln sprengen, die wir uns in unserer Unwissenheit und Dummheit selber angelegt haben – vor Äonen von Jahren. Wir müssen uns nur wiedererinnern, was wir seit Anfang aller Zeit waren: reines ewiges Sein. Das ist die wesentliche Botschaft des Vedanta:

Ich bin DAS.
Du bist DAS.
All dies ist DAS.

Auf dem Weg zu Paramananda liegt eine verendete Kuh im Dschungel. Aufgedunsener Leib, blicklose Augen, fliegenübersät. Geier zerren an platzendem, kotigem Gedärm: im Angesicht des Todes. Und doch:

All dies ist DAS.

»Selbst Gott – wenn du ihn als Person siehst – ist nichts anderes als Maya, sich ständig verändernd, Wandlungen unterworfen, vergänglich. Und nur durch die Kraft der Maya sehen wir uns als Einzelseele, JIVA, vom Brahman getrennt. Doch dies ist alles Illusion«, hatte Paramananda

1   *Chandogya Upanishad*

gesagt und dazu folgendes Gespräch aus den Upanishaden zitiert:

»Bring mir von da eine Nyagrodha-Frucht«, sagte Udda-laka zu seinem Sohn. – »Hier ist sie, Ehrwürdiger.« – »Spalte sie.« – »Sie ist gespalten.« – »Und was siehst du?« – »Ganz feine Körner, Ehrwürdiger.« – »Spalte eines von ihnen.« – »Es ist gespalten.« – »Und was siehst du?« – »Nichts, Ehrwürdiger.« Der sprach zu ihm: »Der feinste Stoff, den du nicht wahrnimmst, aus dem besteht der große Nyagrodha-Baum. Dieser feinste Stoff durchzieht das All. Das ist das Wahre, das ist der Atman. DAS BIST DU.«[1]

»Von Anfang aller Zeit bist du eins mit Brahman, unteilbar, ohne Zweites. Du mußt dich nur *erinnern*. Doch die Erinnerung fällt uns meist schwer. Zu mächtig sind die Fallstricke der Maya. Und so taumeln wir wie Betrunkene durch diese Welt als Gefangene unserer selbstgeschaffenen Trugbilder. Das Netz der Formen und Namen wird für uns immer dichter und wirklicher. Und doch besteht der

1 *Chandogya Upanishad*

ganze Kosmos nur aus unzähligen subjektiven Träumen. Du mußt dich nur erinnern. Und es gibt viele Wege hierzu: Yoga und Tantra, Sankhya und Vedanta und, und, und. Doch eigentlich sind auch sie nur Maya, denn Brahman ist nichts von alledem: neti, neti. Nicht dies und nicht das. Was nützt dir ein Guru, ja selbst ein Buddha oder Jesus, wenn *du* dich nicht erinnerst! Shankara nennt vier Bedingungen für die Erfahrung des letzten EINEN. Doch nur *du* kannst entscheiden, wie wichtig sie für *dich* sind. Sind doch auch sie in letzter Konsequenz – nichts.«

Eines Abends saßen wir in der sinkenden Dämmerung an den Ufern der Ganga. Leise Kirtangesänge aus den Ashrams verwehten über dem Fluß. Eine Tempelglocke rief nach der Aufmerksamkeit der Götter, und Paramananda lächelte sein zahnloses Lächeln:

»Auf drei Säulen errichtete Shankara *seine* Lehre des Vedanta: den Veden, der Vernunft und der eigenen spirituellen Erfahrung, wohlgemerkt: der *eigenen* spirituellen Erfahrung. Nur die Übereinstimmung dieser drei Faktoren garantiert die Wahrheit. Und diese Wahrheit kann – sagt Shankara – von jedem erfahren werden, der vier Bedingungen erfüllt: VIVEKA, VAIRAGYA, SHATSAMPATTI und MUMU-SHUTVA, Unterscheidung, Entsagung, die sechs Schätze und das Streben nach Befreiung. Für *mich* zählen hiervon nur Viveka und Vairagya. Denn was heißt Mumushutva, Streben nach Befreiung? Streben wir nicht alle nach Befreiung? Ist nicht die ganze Evolution ein Streben nach Befreiung? Was also soll das! Strebt nicht auch der Trinker nach

Befreiung, jede Pflanze, jedes Tier? Alles Leben ist Mumushutva. Und Shatsampatti, die sechs großen Schätze? Für *mich* waren sie eher Hindernisse auf dem Weg, Stolperfallen des Geistes: Beherrschung des Denkens, Beherrschung der Sinnesorgane, Entsagung, Geduld, Glaube an die heiligen Schriften und den Guru, Gleichmut. Beherrschung! Glaube! Kommt man so zum Selbst? Ich kann damit nichts Rechtes anfangen. Ganz anders verhält es sich für *mich* mit Viveka und Vairagya!«

Längst war es dunkel geworden, der Gesang verstummt, und die Bäume: Schatten im tiefschwarzen Schatten der Nacht. Ab und zu der klagende Laut eines Tieres, das Schnalzen eines Fisches im Fluß. In den Bergen am anderen Ufer leuchteten vereinzelt Lichter in den Ashrams. Paramananda saß in völliger Ruhe, statuenhaft, wie in Stein gehauen. Nur die Augen funkelten im Schein des Mondes.

»VIVEKA, VAIRAGYA und VICHARA sind *meine* Waffen im Kampf gegen Geburt und Tod. Viveka, Vairagya und Vichara. Es sind keine Übungen, die wir morgens und abends für ein paar Minuten praktizieren, sie begleiten dich in jeder Sekunde deines Lebens.
Sei stets Zeuge all dessen, was geschieht, in dir und außerhalb, unter dem Blickwinkel von Viveka, Vairagya und Vichara.
VIVEKA heißt Unterscheidung, Unterscheidung zwischen Wirklichem und Unwirklichem, Vergänglichem und Unvergänglichem, Tod und ewigem Leben. Sieh also stets auf das Unvergängliche in dieser Welt der Erscheinungen. Sei

dir darüber im klaren, daß nichts von all dem, was du siehst, Bestand hat.

Verlier dich nicht an diese Dinge, binde dich nicht an sie, sei losgelöst und sieh das Göttliche hinter allen Erscheinungen. Das meint VAIRAGYA. Vairagya ist Entsagung, Nichtgebundensein. Aber dies meint nicht den Zwang zu Enthaltsamkeit und all den anderen Unsinn, den viele darin sehen. Vairagya meint nur Entsagung von jeglichem Lohn für all unsere Taten in dieser und in einer anderen Welt. Es kommt nicht auf den Lohn an. Tu alles, was du tust, total, und kümmere dich nicht um irgendeine Belohnung. Der Weg ist das Ziel!

Ergründe alle materiellen und geistigen Phänomene. Versuche ihren Urgrund zu erkennen. Versuche zu ergründen, wer *du* bist – und damit dieser ganze unermeßliche Kosmos, versuch herauszufinden, welches unsterbliche Bewußtsein sich für einen sterblichen Körper hält – und warum. Das bedeutet VICHARA. In der Katha Upanishad steht:

Schmal wie die Schneide eines Messers ist der Pfad,
schwer zu finden und hart zu begehen.

Doch uns bleibt keine andere Chance, wenn wir das eigene Selbst finden wollen, von dem es heißt:

Dieser Atman kann weder durch das Studium der Veden noch durch vieles Nachdenken und Lesen verwirklicht werden. Nur von dem wird ER erreicht, den ER sich erwählt.[1]

Aber wir können auf diesen Augenblick der Gnade hinarbeiten, darauf hinarbeiten, daß ES geschieht. Dann ist alles transzendiert: Yoga und Vedanta und alles. Es gibt kein Subjekt und kein Objekt mehr, nur noch reines Sein, Eines ohne Zweites. Vivekananda sagte einmal kurz vor seinem Tod:

Mag sein, daß ich es vorziehen werde, meinen Körper zu verlassen – ihn abzulegen wie ein abgenutztes Gewand. Aber ich werde nicht aufhören zu arbeiten! Ich werde die Menschen überall weiter inspirieren, bis die Welt weiß, daß sie eins mit Gott ist.«

Damit schloß Swami Paramananda seine Auslegung des Vedanta.

1   *Katha Upanishad*

4

YOGA – SCHLÜSSEL ZUM SELBST

Hauptwege des Yoga

Yoga! »Was heißt Yoga«, fragte mich Bahadur einmal. Wir saßen an den Ufern der Ganga. Träge strömte der Fluß, die Tempel und Ashrams dösten in der mittäglichen Glut.

»YOGAH SAMADHIH: *Yoga ist Samadhi.* Der Kommentar Vyasas zur ersten Yoga Sutra Patanjalis. Yoga ist Samadhi! Im Westen verbindet sich mit dem Begriff Yoga wohl die Vorstellung von irgendwelchen Körperverrenkungen, die man in einem Abendkurs lernt, um abzunehmen, sich zu entspannen, fit zu sein. Aber das hat mit Yoga kaum etwas zu tun. Natürlich wirst du fit! Natürlich wird dein Körper lange jung sein, schlang, geschmeidig. Aber das ist nicht das Ziel. Das sind Nebeneffekte, Blumen am Wegrand, schön, doch ohne jede Bedeutung. YOGAH SAMADHIH – *Yoga ist Samadhi!* Das ist alles: das Ziel, der Weg. Yoga ist Samadhi, die Vereinigung mit dem letzten unaussprechlichen Geheimnis, die Vereinigung mit deinem göttlichen Selbst. Das solltest du nie aus den Augen verlieren, bei allem, was du tust: *Yoga ist Samadhi!* Und es gibt viele Wege, sich an seine ursprüngliche Bestimmung zu erinnern. Schau dir doch nur die Yogaschulen hier an. Jeder Lehrer hat seinen eigenen Weg, jeder Schüler. Und auch du mußt *deinen* Weg finden, deinen eigenen Weg.

Vieles, was ihr im Westen niemals als Yoga bezeichnen würdet, ist Yoga. Die völlige Hingabe an eine Aufgabe, Nächstenliebe, Philosophie. All dies kann Yoga sein – falls es total ist; denn alle Wege haben eines gemeinsam: Sie erfordern absolute Konsequenz und umfassen dein ganzes Leben. Hier in Indien gehen alle Yogawege auf vier Hauptströmungen zurück: JNANA YOGA, KARMA YOGA, BHAKTI YOGA und RAJA YOGA.

Der JNANIN wählt den Weg der Logik, des Unterscheidungsvermögens, der intellektuellen Erkenntnis. Damit ist Jnana Yoga wohl am ehesten mit den Philosophien des Westens vergleichbar. Doch das Unterscheidungsvermögen des Jnanin ist radikal: alles, was Maya ist, hat keine Wirklichkeit. Alle Wünsche und Vorstellungen, die eigene Person und die ganze Schöpfung sind in Wirklichkeit – nichts. NETI, NETI! Nicht dies, nicht das. Es gibt letztendlich nur eine Realität: Atman, Brahman. Alles andere ist nur ein Spiel der Vergänglichkeit.

Ein scheinbar einfacher Weg, denn wer wüßte nicht, daß alles der Vergänglichkeit unterworfen ist, daß nichts Bestand hat vor den Klauen des Todes. Die logische, intellektuelle Erkenntnis dieser Tatsache ist sehr einfach, aber der Jnanin *lebt* sie. Absolut, bedingungslos. Er sieht in allem das unwandelbare Brahman, auch in den Klauen des Tigers, die ihn zerfetzen. Ein schwerer Weg, und er bietet dir keine praktischen Übungen. Stets verweist er dich auf deinen Intellekt, doch auch dieser ist schließlich nur Bestandteil der Maya. Ich glaube, nur wenige erreichen so ihr Ziel, die meisten verlieren sich in endlosen Spekulationen. Schau auf den Fluß! Was nützt dir das intellektuelle Wissen, daß er letztlich unwirklich ist, Maya? Du siehst ihn trotzdem, du riechst ihn, hörst ihn; denn auch deine Sinnesorgane sind wie er – Bestandteil Mayas. Doch was nützt dieses Wissen?«

Das schmutzigbraune Wasser, angeschwollen von den Monsunregen der letzten Tage, umspülte die Felsen am Ufer. Wie Nebel stand der Dunst über der Strömung. Unwirkliches Licht.

»Der *Bhakta* wählt den entgegengesetzten Weg. Der Intellekt bedeutet ihm nichts. Was für ihn zählt, ist nur die bedingungslose Hingabe, die Hingabe an Gott. Alles erinnert ihn an Gott, alles bezieht sich auf IHN. Und nichts existiert außer IHM und der Bewußtheit, eins zu sein, eins zu sein mit IHM. Es ist der Weg der Liebe und der Ekstase. Ich glaube, auch eure christlichen Heiligen sind nichts anderes als Bhaktas.
Der Unterschied zwischen einem Bhakta und einem Karma Yogin ist nur schwer zu erkennen. Vielleicht ist der Karma Yogin nicht so sehr auf sich und seine Ekstasen fixiert; denn Karma Yoga ist der Yoga der Tat, des selbstlosen Tuns. Der Karma Yogin widmet all sein Tun Gott und fragt nicht nach Lohn, weder in dieser noch in einer anderen Welt. In der Gita steht:

Nicht einer – in der Tat –
kann ohne Handlung leben,
und sei's für einen Augenblick.
Denn jeder wird zum Handeln hilflos angetrieben
durch die drei Gunas.

Doch wer die Sinne durch den Geist beherrscht
und ohne Bindung seine Tatorgane
im Yogaweg der Tat verwendet,
der ragt hervor, o Arjuna.

Der Karma Yogin sieht sich nicht als eigentlich Handeln-
den, und doch tut er alles total und so gut es ihm möglich
ist, denn alles Tun gebührt Gott. Doch der Karma Yogin
ist völlig losgelöst von seinem Tun, er ist der ewige Zeuge,
Atman. Laotse ist für mich der Inbegriff des Karma Yogin,
wenn er sagt:

Beim Nichttun bleibt nichts ungetan.

Oder schau dir die Mönche der Ramakrishna-Mission an.
Dies sind wahre Karma Yogins: Sie haben Krankenhäuser
für die Ärmsten der Armen, Schulen, Büchereien, Waisen-
häuser. Sie dienen Gott, indem sie den Menschen helfen,
denn Gott lebt in jedem Geschöpf. Sie sind sehr wichtig für
dieses arme Land, das seit Jahrhunderten ausgeplündert
wird und jetzt vielleicht am schlimmsten: durch seine
eigenen Leute.«

Dunkle Wolkenbänke zogen über den Vorbergen des Himalaya auf, drohende Schatten des Monsuns, nachtschwarz, regenschwanger, lebensspendend.

»Doch all diese Wege verflachen mehr und mehr. Die Bhaktas verrichten eine Puja vor irgendeinem Götterbild, erwarten himmlischen Lohn und verwechseln dies mit wahrer Hingabe. Die Jnanins verlieren sich in philosophischen Spekulationen, und selbst die Karma Yogins vergessen oft den tieferen Sinn ihres Tuns. Nur der Raja Yoga lebt noch, denn er ist die Wurzel all dieser Wege oder ihre Erfüllung. Alle Wege sind in ihm enthalten, und gleichzeitig transzendiert er sie; darum nennen wir diesen Weg den ›königlichen Yoga‹!«

Raja Yoga, die Yoga Sutras des Patanjali

Wir waren vor dem Regen in seine Höhle geflüchtet, dampfend, naß. Bahadur saß mit geschlossenen Augen auf einem alten Reissack. Wie eine tosende Wand stand das Wasser vor dem Eingang.

»Natürlich kennst du die *Yoga Sutras* des Patanjali. Wenn man sie richtig liest, sind hier alle Aspekte des Yoga niedergelegt. Aber es sind *Sutren,* kürzeste Formulierungen. Und so haben sie schon zu sehr viel Verwirrung beigetragen, denn ein Pandit freut sich mehr über das Weglassen einer Silbe – ohne den Sinn zu verfälschen – als über die Geburt eines Sohnes. Schon der Begriff ASTHANGA YOGA wird oft falsch gedeutet. ASTHANGA sind die acht Blütenblätter des Yoga. Sie entfalten sich in völliger Harmonie, in Abhängigkeit voneinander. Doch häufig wird Asthanga mit ›acht Stufen‹ übersetzt, deren eine bewältigt sein muß, bevor man mit der nächsten beginnt. Welcher Irrtum! Häufig bewältigt man deshalb nicht einmal die erste ›Stufe‹, denn sie ist sehr hoch, und es fehlt uns eine Hilfe, sie zu erklimmen; dabei finden sich die Hilfen in den weiteren ›Stufen‹.

Patanjalis Werk besteht aus vier Teilen: SAMADHI PADA, SADHANA PADA, VIBHUTI PADA und KAIVALYA PADA. PADA heißt Weg, und so sind die vier Teile Beschreibungen des Weges, der zur endgültigen Freiheit führt. Nur 195 Sutren! Doch du findest hier alles Wissen des Yoga, alle Techniken sind in ihnen enthalten.

Der erste Teil beschäftigt sich mit dem Ziel, das es zu erreichen gilt: SAMADHI, dem völligen Aufgehen im Ozean des Seins, dem Verlöschen aller Begierde, dem todlosen Tod, dem Aufgehen im Überbewußtsein. SADHANA PADA zeigt die Mittel und Wege, die Übungen, die zu Samadhi führen. Der dritte Teil beschreibt die VIBHUTI, die »übernatürlichen« Kräfte, die SIDDHIS, die durch Yoga erlangt werden. Meist sind sie nur Hindernisse auf dem Weg, die letzten Fallen, die uns von KAIVALYA trennen, der vollkommenen Erlösung, der letzten Freiheit, die im vierten Teil der Yoga Sutras beschrieben wird.«

Gleichförmig rauschte der Regen, kleine Bäche bildend. Und wir mußten etwas weiter ins Innere der Höhle. Es war beinahe dunkel. Licht wie an einem deutschen Spätnachmittag im Herbst. Nur die stehende Hitze atmete Indien.

»Auch ich leide an dieser indischen Krankheit des Verkürzens – obwohl wir doch sonst ein recht geschwätziges Volk sind. Doch wenn es um die letzten Wahrheiten geht, sind wir Meister der Knappheit, glauben wir doch, daß der Ursprung eines Wortes identisch ist mit seiner Aussage: Form und Inhalt sind absolut gleich auf der Ebene, auf der Klang und Manifestation eins sind. Das Wort Apfel *ist* der Apfel. Du fühlst ihn, schmeckst ihn, wirst davon satt! So habe ich die Yoga Sutras für *mich* nochmals auf das für *mich* Wesentliche gekürzt. Leider habe ich keine englische Ausgabe hier, doch du bekommst sie sicher in jedem Ashram für ein paar Rupies. Das Yogasystem Patanjalis ist überall bekannt, und wie alles, das überall bekannt ist, bleibt es den meisten – unbekannt.

YOGA CITTA–VRTTI–NIRODHAH.[1]
Yoga ist citta-vrtti-nirodhah.

NIRODHAH ist das Zur-Ruhe-Kommen, CITTA die Denksubstanz und VRTTIS sind die Bewegungen dieser Substanz. Yoga ist also jener Zustand, in dem alle seelisch-geistigen Vorgänge zur Ruhe kommen, sich die Wogen glätten, bis der See des Bewußtseins wie ein Spiegel liegt, unbewegt von den Wellen unserer Wünsche und Bedürfnisse. Und nun sehen wir auf den Grund des Sees: unser ewiges Selbst, reines Sein.

YOGA CITTA–VRTTI–NIRODHAH.

Dies muß *ohne* jede Unterdrückung erfolgen, obwohl Nirodhah oft als Unterdrückung übersetzt wird. Solange wir etwas unterdrücken, kann es nicht zur Ruhe kommen. Es wird weiter in uns gären und irgendwann einmal zum Ausbruch kommen.

TADA DRASTUH SVARUPE VASTHANAM.[1]
Dann ruht der Schauende in seinem eigentlichen Wesen.

VRTTI-SARUPYAM ITARATRA.[2]
Alle anderen Zustände sind bestimmt durch die Identifizierung mit diesem.

Wenn wir also Patanjali glauben, so sind wir nur in diesem Zustand wir selbst, alles andere sind Identifikationen mit Vorgängen, die von außen an uns herangetragen werden, die nichts mit unserem eigentlichen Wesenskern zu tun

1 *Yoga Sutras* I/3
2 *Yoga Sutras* I/4

haben: Erlerntes, Konditioniertes. In der neunten Sutra betont Patanjali dieses Konditioniertsein nochmals:

SABDA-JNANA-ANUPATI VASTU-SUNYO VIKALPAH.[1]

Vorstellungen sind eine Form der Erkenntnis, die ledig-lich auf Worten beruht, die ohne jede Wirklichkeit sind.

All unsere Vorstellungen über diese Welt sind nur VRTTIS, Wellen unseres unruhigen Geistes, die den Blick auf den Grund des Sees unmöglich machen, zumindest aber ver-zerren. Wir müssen also alle Vorstellungen fallenlassen, bevor wir unser eigentliches Selbst und damit die Welt erkennen können.

Aber wie kommen wir zu diesem Zustand eines unbeweg-ten Geistes, ruhig und klar wie der Spiegel eines Bergsees? Wie erlangen wir VRTTI-NIRODHAH?«

Er saß lange still, die Augen auf mich gerichtet: Vrtti-ni-rodhah. Sein Atmen war kaum zu spüren, der Körper zu Stein erstarrt. Dann hob sich seine Brust in einem tiefen Atemzug: Die Welt hatte ihn wieder. Er nahm eine alte Ausgabe der Yoga Sutras aus einer Felsnische, berührte sie leicht mit der Stirn, blätterte in den vergilbten Seiten.

»ABHYASA-VAIRAGYABHYAM TAN NIRODHAH.[2]

Das Zur-Ruhe-Kommen erreicht man durch Übung und Vairagya.

1 *Yoga Sutras* I/9
2 *Yoga Sutras* I/12

Sicher hat dir Vedantanand schon einiges über Vairagya erzählt: Tu alles, was du tust, total und dann – denk nicht mehr daran. Vairagya allein, diese absolute Losgelöstheit von allem Tun und Denken, führt zur letzten Freiheit.

Dies ist für mich die Quintessenz des ersten Teils des Yogasystems. Patanjali geht hier noch auf vieles ein: auf verschiedene Wege, auf Hindernisse auf dem Weg. Doch welchen Weg auch immer wir gehen – «

Und wieder blätterte er in seinem Buch.

»TIVRA-SAMVEGANAM ASANNAH.[1]

Wer seine äußerste Kraft einsetzt, ist dem Ziel nah.

Aber du mußt all deine Kraft einsetzen, jeden Tag, jede Minute deines Lebens. Yoga duldet keine Halbherzigkeiten, sonst erreichst du nichts.«

Ich verbrachte meine Tage in einem nahegelegenen Ashram mit herrlichem Blick auf den Ganges, meditierte, wanderte entlang der Ganga oder in den nahen Bergwäldern, wenn der Monsunregen etwas nachließ. Am späten Nachmittag, vor dem abendlichen Beisammensein bei Swami Vedantanand, saß ich meist mit Bahadur vor seiner Höhle. Schweigend oft, den Blick auf dem nahen Fluß und immer wieder über die Yoga Sutras des Patanjali gebeugt, die achtblättrige Blüte des Yoga.

---

1   *Yoga Sutras* I/21

»YAMA-NIYAMA-ASANA-PRANAYAMA-PRATYAHARA-DHARANA-
DHYANA-SAMADHAYO STAV ANGANI.[1]
Äußere und innere Disziplin, Körperhaltung,
Beherrschung des Atems, Zurückziehen der Sinne,
Konzentration, Versenkung und Verweilen im Über-
bewußten sind die acht Glieder des Yoga.

Diese Sutra ist das Kernstück des Yogaweges, die Grundlage aller Yogasysteme. Dieser Weg bedeutet eine radikale
Verwandlung des Menschen. Schau dir diese acht Aspekte
des Yoga an! Aus jedem sind viele verschiedene Yogawege entstanden. Was heißt YAMA? – Die Sprachen des Westens treffen nicht immer exakt unsere Begriffe, und so
bleibe ich hier lieber beim Sanskrit. – Was heißt Yama?
Patanjali schreibt:

AHIMSA-SATYA-ASTEYA-BRAHMACARYA-APARIGRAHA-YAMAH.[2]
Gewaltlosigkeit, Wahrhaftigkeit, Nicht-Stehlen,
reiner Lebenswandel und Nicht-Besitzergreifen
wird Yama genannt.

AHIMSA und SATYA bildeten das Fundament zu Gandhijis
Lehre. Und wieviel hat er damit bewirkt! Mit diesen zwei
kleinen Teilaspekten des ersten Blütenblattes des achtfa-
chen Pfades. Ahimsa und Satya, Gewaltlosigkeit und
Wahrhaftigkeit! Wieviel hat er damit bewirkt! Doch auch
sie erfordern Totalität. Viele Anhänger Gandhis ließen sich
eher töten, als eine Unwahrheit zu sagen. Sie ließen sich

1 *Yoga Sutras* II/29
2 *Yoga Sutras* II/30

41

niederknüppeln ohne die geringste Gegenwehr, ohne einen Gedanken an irgendeine Form der Gewalt: Ahimsa! Und sie haben dadurch die Welt verändert, etwas menschlicher gemacht – wenigstens für einen kurzen Augenblick.

BRAHMACHARYA, reiner Lebenswandel. Wie falsch wird dieser Begriff heute gedeutet! Meist übersetzt man ihn mit Keuschheit. Und die Leute kasteien sich, unterdrücken ihre Triebe und erreichen so meist nichts, weniger als nichts. Sie machen alles nur noch schlimmer. Man kann seine Triebe nicht unterdrücken, ohne Schaden zu nehmen. Man muß sie annehmen, ergründen im Licht von Viveka und Vairagya. Losgelöst von den Verstrickungen muß man seine Triebe erfahren, ihren Ursprung ergründen, dann entsteht vielleicht Keuschheit, aber keine erzwungene, wie sie auch vielen eurer Priester zu eigen ist. Es ist eine Keuschheit, in der der Yogi seine weibliche und männliche Hälfte in absolute Harmonie gebracht hat. Es ist nichts Erzwungenes, Verkrampftes. Es ist die wahre androgyne Natur des Erleuchteten. Doch bevor es soweit ist – vergiß die Keuschheit! Brahmacharya heißt reiner Lebenswandel, das heißt: Tu nur das, wozu du wirklich stehen kannst. Sonst nichts.

APARIGRAHA, Nicht-Besitzergreifen. Das bedeutet im Grunde nichts anderes als Vairagya. Klammere dich an nichts, nicht einmal an einen Gedanken, eine Idee – auch nicht an den Wunsch nach Erleuchtung. Laß alles geschehen, ohne es besitzen zu wollen, sei nur Zeuge in Gottes ewigem Spiel.

SAUCA-SAMTOSA-TAPAH-SVADHYAYA-ISHVARAPRANIDHANANI
NIYAMAH.[1]

Reinheit, innere Ruhe, Askese, eigenes Studium und
Hingabe an Gott sind die Niyamas.

Die meisten Westler betrachten uns als dreckiges Volk,
aber sieh dir die Yogis hier an! Wieviel Mühe machen sie
sich mit der Reinigung! Hast du schon einmal zugesehen,
wie sie zum Beispiel ihren Darm auswaschen? Doch SAU-
CA, Reinheit, bedeutet viel mehr! Reinige auch dein Inner-
stes! Beseitige auch die letzten Schlacken von Erziehung
und Konvention – alles andere kommt von selbst.
Und mit dieser inneren Reinheit kommt auch die Ruhe. Das
flatterhafte Spiel der Gedanken, bedingt durch Verhaftun-
gen und Konditionierung, der ständige Versuch, die Welt
zu erklären, erlöschen. Und dies ist wahre Askese, nichts
Erzwungenes, nichts Aufgesetztes, Schein-Heiliges.
Studiere dich selbst, laß dich auf dich selber ein – und damit
auf Gott.«

Der nächste Morgen brachte wieder einmal nichts als Regen, ein unaufhörliches Tosen aus einem nachtschwarzen
Himmel. Jeder Pulsschlag dröhnte im Schädel. Ich hatte
verschleimte Bronchien, Halsschmerzen und eine ständig
laufende Nase. Und Fieber. Ich schluckte ein paar Aspirin,
versuchte mit Atemübungen und Meditation die dumpfen
Schmerzen zu überwinden. Aber es half alles nichts. Der
ganze Körper war wie zerschlagen, gerädert. Ich wälzte
mich auf meiner Pritsche in den nächsten Tagen, trank

1 *Yoga Sutras* II/32

43

Lemon-Soda, versuchte zu lesen. Es wollte nicht besser werden. So beschloß ich, ein paar Tage in die Berge zu gehen, raus aus dieser heißen, tosenden Nässe. Ich nahm nur ein paar Kleider zum Wechseln mit, Waschzeug. Alles andere ließ ich im Ashram. Ich hatte kein besonderes Ziel, und so folgte ich der alten Pilgerroute nach Norden. Obwohl eigentlich keine Pilgerzeit war, waren die wenigen Busse überfüllt. Greinende Kinder, Schnattern, stechender Schweißgeruch. In endlosen Serpentinen wand sich die Straße durch den Dschungel, bergwärts, an Erdrutschen vorbei, höher und immer höher. Über Schlaglöcher durch die Nebelschleier des Monsuns, immer weiter, höher, den Bergen entgegen, den letzten Wohnstätten der alten Götter. Der Quelle des Ganges entgegen, scheppernd und ächzend. Zu den vier heiligen Stätten: Yamunotri an der Quelle des Yamuna, Gangotri, Kedarnath und Badrinath.

Doch mein Körper spielte nicht so lange mit. Mit jeder Serpentine wurde ich mehr zu Schmerz und kaltem ekligem Schweiß. Und als wir endlich nach einem nicht endenden Tag die Regenwolken und die Schwüle hinter uns hatten, stieg ich in einem kleinen Dorf aus. Ich konnte nicht weiter. Ein kleiner Teestand, ein »Hotel«: Plumpsklo über einem schwindelerregenden Abgrund. Strohsäcke auf rissigem Bretterboden. Aber es war herrlich kühl, die Luft kristallklar und der Himmel voller Sterne, greifbar beinahe in der klaren Nacht.

Ich mietete eines der Zimmer für die Nacht und ging spazieren, unbeschwert, sorglos; hatte ich doch nichts, das gestohlen werden konnte, nichts, auf das es achtzugeben galt. Und so ließ ich mich treiben, während überall an den

Berghängen die Feuer der Pilger leuchteten, flackernde Zeichen ungebrochener Religiosität.

Am anderen Morgen ging es mir schon viel besser, das Fieber war beinahe weg, nur noch eine ferne Ahnung des Alptraums der letzten Tage. Ich wanderte über die sattgrünen Matten der Berghänge, über einen kleinen Bach, der von irgendwoher aus den Bergen kam. Am jenseitigen Ufer lag ein Ashram, an einen steilen Felsen gelehnt, verwachsen mit dem Gestein. Aus einem großen Saal drang Gesang, das Schlagen von Tablas: der morgendliche Kirtan. Ich setzte mich, gegen eine Säule gelehnt, in das Halbdunkel, schloß die Augen und überließ mich der Musik.

Shri Krishna Govinda hare muhare ...

Als die Andacht vorbei war, kam einer der Swamis, verneigte sich, gefaltete Hände: »*Namaskar!*«

Ob er mir den Ashram zeigen dürfe? Die üblichen Fragen: Woher ich komme, was ich in Indien wolle. Er zeigte mir den kleinen Shivatempel mit den Shivasymbolen Nandi und Lingam, blumenbekränzt. Aus einer kleinen Schale, die an der Decke befestigt war, tropfte Öl auf den schwarzschimmernden Stein. Er zeigt mir den Klostergarten, die Bibliothek, die Räume in den oberen Stockwerken, die für die Pilger vorgesehen waren. Ob ich bleiben wolle? Ein paar Tage vielleicht? Es war alles sehr sauber, friedlich und still, der richtige Ort, um sich ein paar Tage zu erholen. Also ging ich ins Hotel, bezahlte und ging zurück in den Ashram.

Es waren geruhsame Tage. Ich stand gegen halb fünf auf,

wusch mich am Bach, meditierte mit den Swamis in der Halle. Dann saß ich oft in der Bibliothek oder wanderte in den Bergen. Doch nach einer Woche, als auch die letzten Spuren der Erkältung abgeklungen waren, trieb mich alles zurück. Vergessen war die Pilgerfahrt nach Kedarnath, zu den Quellen des Ganges. Ich wollte zurück, zurück zu »meinem« Ashram, zurück zu Vedantanand, Bahadur und den Yoga Sutras.

»STHIRA-SUKHAM-ASANAM.[1]

Die Sitzhaltung soll fest und angenehm sein.

Das ist alles, was Patanjali über die ASANAS schreibt: fest und angenehm! Und sieh dir die Hunderte von Asanas an, die die Hatha-Yogis beherrschen! Sie haben alle keine große Bedeutung für Patanjali, Nebensächlichkeiten, ein Spiel für Kinder. Aber Patanjali hatte das Ziel erreicht! Für uns können sie ganz nützlich sein, um den Körper gesund zu erhalten; denn nur dann gelingt es uns – vielleicht –, das Ziel zu erreichen. Sicher hat dir Vedantanand schon von Ram Dass erzählt, der oben in den Bergen lebt. Er ist ein wahrer Hatha-Yogi! Er kümmert sich weder um Philosophien noch um Religion. Er praktiziert seine Übungen – sonst nichts. Aber er beherrscht Asanas und Pranayama wie kein zweiter hier, und er könnte dir sicher einiges beibringen.«

Gleich nach meiner Rückkehr aus den Bergen hatte ich mich auf den Weg zu Bahadur gemacht. Ein kurzes Bad in

1   *Yoga Sutras* II/46

der Ganga, und nun saßen wir wieder vor seiner Höhle. Der Monsun war gnädig und stand nur als ferne Ahnung über den Bergen am Horizont.

»Viel mehr Gewicht mißt Patanjali PRANAYAMA bei:

TASMIN SATI SVASA-PRASVASAYOR GATI-VICCHEDAH
PRANAYAMAH.[1]

BAHYA-ABHYANTARA-STAMBHA-VRTTIR DESA-KALA-
SAMKHYABHIH PARIDRSTO DIRGHA-SUKSMAH.[2]

TATAH KSIYATE PRAKASA-AVARANAM.[3]

DHARANASU CA YOGYATA MANASAH.[4]

*Dem folgt die Regelung des Prana, die ein Innehalten im
Rhythmus von Ein- und Ausatmen ist.*

*Sie besteht aus den Vorgängen des Ausatmens,
Einatmens und Anhaltens, und sie ist langanhaltend
oder fein, je nachdem, wie Ort, Dauer und Zählweise
beachtet werden.*

*Dadurch wird der Schleier, der den inneren Glanz
verhüllt, entfernt.*

Hieraus entsteht die Fähigkeit zu Dharana.

Es sind einfache Übungen, aber sie sind sehr wirkungsvoll. Auch hier kann dir Ram Dass sicher helfen. Und sie sind – zumindest nach Patanjali – eine Voraussetzung für DHARA-NA, die Konzentration des Geistes.

1 *Yoga Sutras* II/49
2 *Yoga Sutras* II/50
3 *Yoga Sutras* II/52
4 *Yoga Sutras* II/53

DHARANASU CA YOGYATA MANASAH.
Es entsteht die Fähigkeit zu Dharana.

Doch zuvor mußt du dich in Pratyahara üben, dem Zurückziehen der Sinne von den Objekten der Welt der Erscheinungen.

SVAVISAYA-ASAMPRAYOGE CITTASYA SVARUPA-ANUKARA IVA
INDRIYANAM PRATYAHARAH.[1]
Wenn sich die Sinne von den Objekten der äußeren Welt
zurückziehen und in die Eigengestalt der geistigen Welt
eingehen, entsteht Pratyahara.

Die Sinnesorgane geben ihr unstetes Wandern von Objekt zu Objekt auf, die Wellen der Gedanken verebben, und die Sinne gelangen im Geist zur Ruhe. Hunger und Durst nach immer neuen Erfahrungen sind gestillt. Durch Pranayama und Pratyahara bereitest du den Weg, du schaffst die Möglichkeit, daß ES geschehen kann. Das ist alles, was du tun kannst. Alles andere kannst du nur geschehen lassen: SAMYAMA, die Dreiheit aus DHARANA, DHYANA und SAMADHI. Was du bisher erlebt und erfahren hast auf dem Weg des Yoga, war immer noch die Außenseite. Doch Samyama bringt eine völlig neue Sicht der Welt. Sie leuchtet in deinen Augen, atmet in jeder Pore: Es ist die vollkommene Verwandlung durch Samyama.«

1 *Yoga Sutras* II/54

Längst waren die letzten Geier über uns hinweggezogen, zurück zu ihren Schlafbäumen im Dschungel. Eine bleierne Nacht lag über dem Land, und der Mond spiegelte sich in der Ganga.

»Der Mensch identifiziert sich viel zu sehr mit dieser Welt der Erscheinungen. Ohne Unterlaß bewegt sich sein Denken von Objekt zu Objekt, chaotisch, angefüllt mit Beschreibungen dieser Welt, bis man schließlich die Beschreibungen für die Welt selbst hält. Welcher Trugschluß! Du siehst das Spiegelbild des Mondes in einem schmutzigen Tümpel und hältst dies für den Mond! Und all deine Beschreibungen entstanden in Abhängigkeit. Abhängigkeit von Eltern, von Lehrern, von der dich umgebenden Gesellschaft und Moral. Aber diese Abhängigkeit, dieses völlige Akzeptieren deiner Abhängigkeit führt nur zu Spannungen und Leid. Und irgendwann einmal akzeptierst du auch ihre Vorstellungen von Krankheit und Tod. Und doch, wenn du diese letzte Abhängigkeit erfährst, die Ausweglosigkeit siehst, die Falle, in der du gefangen bist, immer deutlicher spürst, dann bist du vielleicht bereit, den verzweifelten Sprung zu wagen, den Sprung zum wahren Menschsein, zur Freiheit.
Sicher kennst du die Geschichte von Buddha, als er nach seinen vier Ausfahrten in der Nacht, als sein Sohn geboren wurde, Frau und Kind und Palast und alles verließ. Das war sie, die letzte Enttäuschung, der absolute Verlust jeglicher Hoffnung, in *dieser* Welt etwas Bleibendes zu erringen. Und nur durch ein solches Erlebnis wirst du wirklich reif für Yoga, denn Yoga zerstört die Welt der Abhängigkeiten

und Beschreibungen total. Yoga entwurzelt dich, konfrontiert dich unmittelbar mit der Wirklichkeit, dem absoluten Alleinsein. Du bist allein in jedem Augenblick deines Lebens und gleichzeitig – frei. Und diese Erfahrung geschieht durch Samyama.

DESA-BANDHAS CITTASYA DHARANA.
TATRA PRATYAYA-EKATANATA DHYANAM.
TAD EVA ARTHA-MATRA-NIRBHASAM SVARUPA-SUNYAM IVA SAMADHIH.[1]

Die Konzentration des Bewußtseins auf einen Bewußtseinsgegenstand ist Dharana.
Ist dies ein einziger ununterbrochener Strom, entsteht Dhyana.
Verläßt man so die Welt der Formen und erfährt nur noch reines Sein, so ist dies Samadhi.

Diese Dreiheit aus Dharana, Dhyana und Samadhi –
Samyama – ist die Krone des Yoga. Sie ist Wesen und Ziel
aller vorangegangenen Übungen, ihre Ursache und ihre
Erfüllung:

TRAYAM ANTAR-ANGAM PURVEBHYAH.[1]
Diese drei sind der innere Kern alles Vorangegangenen.

TAD API BAHIRANGAM NIRBIJASYA.[2]
Doch selbst sie sind nur Äußerlichkeiten der keimlosen
Erleuchtung.

Und nun beschreibt Patanjali all die Fähigkeiten, die ein
Yogi erlangen kann, all die SIDDHIS, die Wunderkräfte des
Yogi: Unsichtbarwerden, Levitation, Stärke eines Elefanten und so weiter. Doch all diese Siddhis sind nichts
besonders Erstrebenswertes. Meist sind sie nur Hindernisse auf dem Weg zu KAIVALYAM oder MOKSHA, der letzt-
möglichen Freiheit.

TE SAMADHAU UPASARGA VYUTTHANE SIDDHAYAH.[3]
TAD-VAIRAGYAD API DOSA-BIJA-KSAYE KAIVALYAM.[4]
Diese Siddhis sind Hindernisse auf dem Weg zu
Samadhi, doch sie erscheinen als Vollkommenheiten im
Bereich der Welt der Erscheinungen.
Wer selbst auf diese Kräfte verzichtet, erlangt die völlige
Freiheit.

1 *Yoga Sutras* III/7
2 *Yoga Sutras* III/8
3 *Yoga Sutras* III/37
4 *Yoga Sutras* III/50

Dies sind für mich die wichtigsten Sutren des dritten Teils. Diese ›Wunderkräfte‹ entstehen von selbst, wenn du auf dem Weg bist, aber sie bedeuten nichts. Betrachte auch sie unter dem Blickwinkel von VAIRAGYA, Leidenschaftslosigkeit, binde dich nicht an diese Kräfte, sei losgelöst auch von ihnen, dann wirst du wirklich frei. Sie sind die letzte Falle der Eitelkeit, die sich dir stellt, die letzte Versuchung, in dieser Welt relativer Erscheinungen etwas zu gelten.«

Im strömenden Regen tappte ich zurück zum Ashram. Tiefes Dunkel. Der Weg kaum auszumachen im nachtschwarzen Schatten der Nacht. Und ich hatte Angst – Kaivalyam hin oder her – Angst, von irgend etwas aus dem wispernden Dschungel angefallen zu werden. Endlich sah ich die ersten Lichter des Dorfes, das mattglänzende Pflaster auf dem Weg zum Ashram.

Oft erstarb das krächzende Stöhnen des Ventilators, erlosch das Licht, wenn wieder einmal der Strom ausfiel, während ich nackt auf meiner Pritsche saß und schrieb. Wie flüssiges Blei füllte die Hitze das Zimmer, die Geckos hingen regungslos an der Decke, und der Regen verströmte sich. Erst als der erste Dämmer des Morgens die Nebelbänke über dem Fluß erhellte, legte ich mich hin, um etwas zu schlafen.

Den Nachmittag verbrachte ich bei einem Händler, der mich zu sich nach Hause eingeladen hatte. Eine Schar kleiner Kinder betrachtete neugierig den fremden Sahib, eine unterwürfige Frau bediente uns unablässig, ließ sich keinen Handgriff abnehmen: die verschiedensten Gemüse, ein paar Currys, Chapatis, Reis und Dhal, Tschai.
Gegen abend ging ich wieder zu Bahadur.

»Yoga zerstört die Schleier Mayas. Dies ist die letzte Ent-Täuschung. Dies beschreibt Patanjali im letzten Teil seines Yogasystems: Der Weg der Freiheit – KAIVALYA PADA. Viele meinen, dies sei eine Flucht aus der Welt; doch wovor sollten wir fliehen? Yoga ist der Abschied aus einem jahrtausendelangen Traum, seltsam wirklich für den Träumenden, doch wenn der Schläfer erwacht …

Selbst Alter, Krankheit und Tod sind nichts anderes als Traumgebilde, Alpträume, bar jeglicher Realität. Doch solange du in deinem Traum gefangen bist… Das ist die letzte Bedeutung von VAIRAGYA: Löse dich von deinen Vorstellungen und Träumen! Sieh die Welt in ihrer unermeßlichen Grenzenlosigkeit! Für den Erwachten gibt es weder Geburt noch Tod, nur reines Sein seit dem Anfang aller Zeit.

Der Abschied ist allerdings meist recht schmerzhaft, doch auch dies sind nur – Traumschmerzen. Du gehst ins Licht, und der Traum verblaßt. Wie konntest du ihm nur jemals Wirklichkeit beimessen? Dein ganzes bisheriges Leben – ein Traum, geboren aus der Konditionierung von Jahrtausenden. Vergiß ihn – er hat keinen Funken Realität! Geh ins Licht! Dies ist Yoga, Einssein mit der Wirklichkeit,

Samadhi! Und nun endest du wieder beim Kommentar Vyasas zur ersten Sutra:

YOGAH SAMADHIH.
Yoga ist Samadhi.
Die Vereinigung mit der Realität ist Samadhi.
Und dein ganzes Leben ist Einssein, All-Eins-Sein:
Yoga.

5

ASANAS – KÖRPERHALTUNGEN

Eines Tages machte ich mich auf den Weg zu Baba Ram Dass. Die Sonne strahlte an einem wolkenlosen stahlblauen Himmel, die Ganga strömte gleichförmig, Affen turnten in den Seilen der Brücke, die über den Fluß führt. Ein kleiner Fußweg schraubte sich durch den dichterwerdenden Wald, endete schließlich an einem kleinen Bach. Der Nepali, der mich begleitete, deutete nach oben: »Du mußt höher, höher. Dort oben ist die Höhle des Baba. Ein sehr hoher Yogi!«

Wir kletterten durch Gestrüpp immer höher. Geröllfurchen, ausgewaschenes Gestein, Erosion, wo die Bauern den Wald gerodet hatten. Höher dann Kletten und Moos, Bambus, endlich wieder dichter Wald. Dschungel.

Ein kleiner Bach, eine eingeebnete Fläche vor einer Höhle, Feuer. Orangene Tücher, in den Bäumen zum Trocknen aufgehängt, Räucherduft: Baba Ram Dass.

»Sag, daß du von Swamiji kommst, wenn du Ram Dass besuchst, und er wird dir alles beibringen, was er weiß«, hatte Bahadur gesagt, als wir einmal über Asanas und Pranayama redeten. Und nun war ich hier. Natürlich konnte Ram Dass kein Wort Englisch. Pratap Singh, mein nepalesischer Führer, dolmetschte, so gut es eben ging. Doch meist lehrte Ram Dass wortlos. Ständiges Wiederholen der Übungen, Korrigieren, wieder und immer wieder.

Später, als ich zu Swami Vedantanand, Bahadur und all den anderen zurückgekehrt war, ließ ich mir die Asanas und ihre Wirkungen nochmals erläutern. Die Worte, die ich einer vereinfachten Darstellung wegen Ram Dass in den Mund lege, stammen also nicht unbedingt von ihm. Hieran waren auch Yogis beteiligt, mit denen eine verbale Verständigung einfacher war als die oft wortlose Kommunikation mit Baba Ram Dass.

»Ich bin ein einfacher Mann. All die Philosophien über Yoga und Vedanta sagen mir nichts. Ich verstehe sie nicht. Sie stiften nur Verwirrung in meinem Kopf. Ich praktiziere die Übungen, die mir mein Guru vor vielen Jahren beibrachte, sonst nichts. Ich war Angestellter bei der Eisenbahn – wie sollte ich all die komplizierten Theorien verstehen? Also gehe ich den Weg des Hatha Yoga. In der *Hatha Yoga Pradipika,* einer grundlegenden Schrift über Hatha Yoga, heißt es:

Asanas machen stark, befreien von Krankheiten und machen die Glieder geschmeidig.

Doch sie sind viel mehr. Natürlich wirken die Asanas auf den ganzen Körper: Sie stärken die Muskeln, machen Rückgrat und Gelenke beweglich, beleben die inneren Organe und Drüsen. Vor allem aber wirken sie auf die feinen Nervenbahnen, die NADIS. Sie öffnen diese Kanäle, damit die göttliche Lebenskraft des PRANA, des Atems, ungehindert fließen kann. Und wenn sie ungehindert fließt, alle CHAKRAS aktiviert, erwacht die KUNDALINI, die Kraft, die an der Wurzel der Wirbelsäule ruht, und du bist am Ziel!

Sehr wichtig ist es, daß du eine bestimmte Reihenfolge bei deinen Asanas einhältst, denn jede Asana verstärkt die vorangegangene, ergänzt sie, gleicht Dehnung und Gegendehnung aus. Aber das weißt du ja wohl alles schon längst, wenn dich Swamiji schickt.«

Und in den nächsten Tagen korrigierte er meine Asanas, wo er es für notwendig fand, brachte mir Variationen bei. Doch der Ausgangspunkt aller Übungen war die *Asana-Reihe von Rishikesh*, wie sie seit Jahrtausenden geübt wird. In der ersten Hälfte dieses Jahrhunderts hat sie vor allem *Shivananda* in seiner Yoga-Akademie und der Divine Life Society weit über die Grenzen Indiens hinaus bekannt gemacht.

»Die klassischen Asanas zerfallen jeweils in drei Teile: ein dynamisches Einnehmen der Stellung, ein ruhiges Verharren und ein dynamischer Abschluß. Wichtig hierbei ist, daß alles völlig entspannt und anstrengungslos geübt wird. Falscher Ehrgeiz schadet nur. Mit der Zeit werden die Übungen ganz von selbst anmutig und fließend, ästhetisch. Jede Asana sollte mindestens fünfzehn Sekunden lang eingehalten werden. Aber wenn du mehr Zeit hast, kannst du auch Stunden in derselben Asana verbringen. Die beste Übungszeit ist die Zeit der Morgen- und Abenddämmerung, wenn sich Tag und Nacht die Waage halten. Wenn das nicht geht, nimm irgendeine andere Zeit, niemals aber unmittelbar nach einer Mahlzeit. Der Magen sollte leer sein! Nur dann erfährst du die volle Wirkung der Asanas. Du beginnst am besten mit einer gründlichen Reinigung des Körpers: Duschen, ein Bad, wie du es gewohnt bist. Bade niemals unmittelbar *nach* den Asanas, wie ihr das im Westen nach der Gymnastik macht! Durch Yoga öffnest du die Nadis. Dein ganzer Körper ›steht unter Strom‹, unter dem Strom reiner Lebensenergie, Prana. Wenn du nun badest, geht diese subtile Wirkung weitgehend verloren. Reinige deinen Körper *vor* den Asanas, denn du hast eine wichtige Verabredung. Du triffst vielleicht den wichtigsten Menschen deines Lebens: dich selbst.

Nach dem Baden solltest du den ganzen Körper einölen, um ihn geschmeidig und stark zu erhalten. Auch dies ist Yoga. – Der AYURVEDA, die indische Gesundheitslehre, sagt, daß ein Gramm Öl, über die Haut aufgenommen, wirkungsvoller ist als ein Kilo Ghee, das du ißt! – Und dann beginnt dein eigentliches Üben.«

Reinigung von Nase und Mund
(Neti und Dhauti)

Ram Dass ging alle Übungen mit mir durch wie mit einem Anfänger. Zwar hatte ich schon jahrelange Erfahrungen mit Yoga, aber er baute alles systematisch auf, lückenlos, um sicherzugehen, daß alles stimmte:

»Du kannst Wochen leben, ohne zu essen, Tage, ohne zu trinken. Doch wie lange lebst du, ohne zu atmen? Und doch widmest du kaum einen Gedanken deinen Atmungsorganen! Reinige auch sie! Warum willst du immer den eigenen Schleim einatmen? Reinige deine Nase, damit Prana – wenigstens relativ rein – deinen Körper erreicht.

Alles, was du brauchst, ist eine Schale mit lauwarmem Wasser und etwas Salz. Halte die Schale waagrecht und tauch deine Nase leicht ein. Und nun pumpe mit deinen Stimmritzen ganz sanft, bis zu spürst, wie das Wasser durch die Nase in die Kehle strömt. Wenn du den Geschmack des Salzes in der Kehle schmeckst, laß das Wasser wieder langsam aus der Nase fließen. Mach das drei-, viermal. Dann halte abwechselnd ein Nasenloch zu und blase das restliche Wasser aus der Nase. In der *Hatha Yoga Pradipika* steht:

Neti reinigt die Gehirnzellen, schenkt göttliche Sicht und vernichtet alle Krankheiten in der Kopfregion.

Es ist ein wunderbares Mittel gegen Kopfschmerzen und Erkältungen. Sehkraft und Gehör werden verbessert. Vergeßlichkeit verschwindet. Und dabei ist die Übung so einfach! Mach sie morgens und abends vor deinen Übungen – ebenso wie DHAUTI.

Ich will dich nicht mit den komplizierteren Arten des Dhauti quälen. Sicher hast du es schon gesehen, wenn manche Yogis einen langen Stoffstreifen schlucken, um alle Abfallstoffe aus Magen und Speiseröhre zu entfernen. Das ist bei manchen Krankheiten sehr wirkungsvoll, aber normalerweise brauchst du das nicht. Mein Dhauti ist sehr einfach. Nimm einen Zungenschaber aus Holz oder einen kleinen Löffel ohne scharfe Kanten, schab die Zunge nun von hinten nach vorn, der Zungenspitze entgegen, bis der Schaber ohne Belag bleibt. Du wirst bald merken, wie sich deine Geschmacksnerven verfeinern und der Atem rein und wohlriechend wird.«

Es waren schöne Tage bei und mit »meinem« Baba. Das gleichförmige Rauschen des Flusses unten im Tal, das Wispern der Blätter im Dschungel. Ab und zu kamen Kinder, brachten etwas Ghee, ein paar Chapatis, Reis und Gemüse. Kichernd standen sie in respektvollem Abstand und bestaunten den fremden Sahib, der sich auf dem Boden wälzte, ächzte und stöhnte, wenn Ram Dass die Übungen korrigierte.

Der Tagesablauf war völlig von der Natur bestimmt: Wir standen im Morgengrauen auf, um uns am nahen Bach zu waschen, zu üben und zu meditieren. Die Hitze des Mittags verbrachten wir faul vor seiner Höhle im Schatten der Bäume, in der Abenddämmerung übten wir ein zweites Mal, aßen eine Kleinigkeit und saßen dann noch etwas in dieser seltsamen indischen Nacht voller Gerüche, umgeben von den Klagelauten des Dschungels, bevor wir uns zum Schlafen auf ein paar alte Reissäcke legten.

Dynamische Übungen
(Yoga Sthula Vyayama)

Wir begannen unser »Programm« mit einer Reihe dynamischer Übungen, die mir bisher fremd waren, Übungen, die den Körper auf die folgenden, eher statischen Asanas vorbereiteten.

Lokomotivübung
(Injana Dauda)

Man steht zunächst mit geschlossenen Beinen, die Arme in den Ellbogen abgewinkelt. Dann läuft man auf den Zehenspitzen, die Fersen schlagen bei jedem Schritt kräftig gegen das Gesäß. Die Arme werden im selben Takt vor- und zurückgestoßen – wie die Kolben einer Maschine. Gleichzeitig atmet man mit weit geöffneten Nüstern scharf durch die Nase ein und aus, so daß der Eindruck einer fahrenden Dampflokomotive entsteht. Ram Dass sagte dazu: »Diese Übung belebt deinen ganzen Körper. Vor allem am frühen Morgen ist sie ungeheuer nützlich, wenn der Körper noch leicht verspannt ist und steif von der Nacht. Der Brustkorb dehnt sich, deine Muskeln werden gekräftigt, Staub und Keime werden aus Nase und Luftröhre gestoßen, dein Körpergewicht normalisiert sich. Mach das drei bis vier Minuten täglich. Das hat dieselbe Wirkung, als ob du viele Kilometer rennen würdest.«

Kräftigung des Rückens
(Kati Shakti Vikasaka)

Die Beine sind leicht gespreizt, die Arme seitlich ausgestreckt, die Fäuste geballt. Der Oberkörper wird mit ausgestreckten Armen halbkreisförmig nach rechts bewegt, die linke Faust schlägt auf den Rücken, der Atem wird hörbar durch die Nase ausgestoßen. Einatmen, dann dasselbe nach rechts. Ram Dass erklärte mir:
»Zehnmal solltest du diese Übung jeweils wiederholen. Dann wird dein Rücken geschmeidig und straff. Der Brustkorb vergrößert sich, ja, selbst kleinere Mißbildungen verschwinden, wenn du die Sprungübungen unmittelbar anschließt.«

Sprungübungen
(Utkurdana)

»Stell dich zunächst mit leicht gespreizten Beinen aufrecht hin, die Arme senkrecht über den Kopf erhoben. Und nun schwing die Arme wie eine Schaukel, geh in die Knie, so tief du kannst, und zieh dich mit dem Schwung deiner Arme wieder in die Höhe. Beim In-die-Knie-Gehen stellst du dich auf die Zehenspitzen und atmest ruckartig aus, beim Aufrichten langsam ein.«

Auch diese Übung sollte – ebenso wie die folgende – zehnmal wiederholt werden. Diese Übungen weiten wie die vorangegangenen den Brustkorb, stärken die Oberschenkel, fördern bei jungen Menschen das Wachstum, wecken die Kundalini und reinigen die Lunge.

»Nun atme tief ein! Führe die gestreckten Arme nach oben, und spring, so hoch du kannst, während deine Fersen gegen das Gesäß schlagen. Gleichzeitig atmest du stoßartig durch die Nase aus. Es sind wunderbare Übungen: Sie erfrischen den ganzen Körper und machen ihn geschmeidig für die folgenden Asanas.«

Die Asana-Reihe von Rishikesh

»Diese Asana-Reihe ist das Ergebnis jahrtausendelanger Erfahrung«, sagte mein Lehrer. »Die einzelnen Asanas sind genau aufeinander abgestimmt, jede Stellung hat ihren bestimmten Platz innerhalb der Gesamtheit. Jede Übung vervollständigt oder verstärkt die vorangegangene.«

Diamantsitz
(Vajrasana)

Die dynamischen Übungen zu Beginn ähneln unserer westlichen Gymnastik: Man kommt ins Schwitzen, der Pulsschlag erhöht sich, die Atmung wird schneller und flach. Im Diamantsitz verharrt man nun so lange, bis alle Körperfunktionen völlig zur Ruhe gekommen sind.

Man kniet mit geschlossenen Knien, die Zehen berühren sich, die Fersen sind nach außen gewendet. Nun setzt man sich aufrecht auf die Fersen, die rechte Hand liegt mit der Handfläche nach oben auf der linken, die Daumen berühren sich leicht. Der Baba kommentierte:

»Sehnen und Bänder – vor allem in Fußgelenk und Schenkel – werden elastisch und stark.

Lausche in dich hinein! Fühle, wie der ganze Körper zur Ruhe kommt! Auch der endlose Strom deiner Gedanken verliert sein aufgeregtes Hin und Her. Du entdeckst das grenzenlose Fließen von Prana: den ewigen Atem Gottes.«

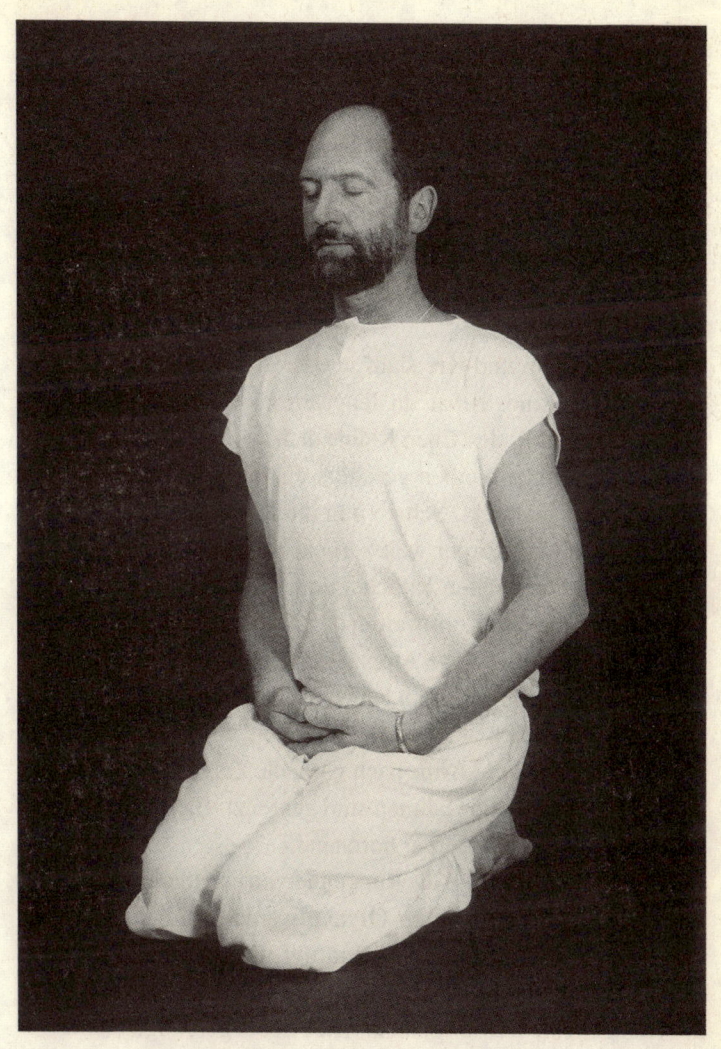

Diamantsitz

Rad und Verneigung
(Chakrasana und Yoga Mudra)

Die folgende Übung streckt die Vorderseite des Körpers, dehnt den Brustkorb und stärkt die Bauchmuskulatur. Die Schilddrüse wird belebt, Hals und Brust straffen und glätten sich. Die Atmung findet hierbei vor allem in den oberen Bereichen der Lunge statt, die Lungenspitzen werden durchlüftet.

»Wenn Atem und Kreislauf wieder völlig ruhig und ausgeglichen sind, gehst du langsam zu CHAKRASANA, der Stellung des Rades, über: Richte dich aus den Knien heraus auf. Die Beine bleiben geschlossen, der Oberkörper aufrecht und gestreckt. Schieb nun die Hüfte nach vorn, und beug den Oberkörper weit zurück, bis du mit der rechten Hand deinen rechten Knöchel umfaßt, mit der linken den linken. Bieg den Kopf weit in den Nacken, und halte diese Stellung einige ruhige Atemzüge. Richte den Oberkörper wieder auf, und setz dich langsam auf deine Fersen.

Dann beug dich nach vorn, bis deine Stirn den Boden berührt, streck die Arme nach vorn, die Zeigefinger berühren sich leicht, die Daumen sind gekreuzt. Bleib so, völlig entspannt, in den Körper horchend.«

Diese Übung kräftigt die Rückennerven und unterstützt die Verdauung. Die inneren Organe werden sanft massiert, Bauchdecke und Becken gekräftigt. Die Hüftmuskulatur wird gestreckt, die Wirbelsäule geschmeidiger. Hüft- und Kniegelenke werden gelockert, die Leber gereinigt. Außerdem verleiht diese Übung Klarheit des Geistes und Geborgenheit im Kosmos des eigenen Körpers.

Rad

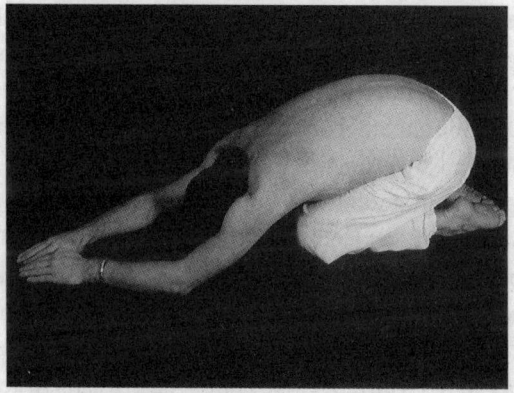

Verneigung

Schulterstand und Pflug
(Sarvangasana und Halasana)

Der Schulterstand ist eine der zentralen Übungen des Hatha Yoga. Swami Shivananda sagte einmal, daß drei Asanas den Körper vollkommen gesund erhalten: Kopfstand, Schulterstand und Zange.

SARVANGASANA heißt wörtlich »Stellung aller Glieder«. Diese Asana ist also eine Stellung des ganzen Körpers, und ebenso vielseitig sind ihre Wirkungen auf den gesamten Organismus: Der wichtigste Aspekt ist wohl die Anregung der Schild- und Nebenschilddrüse durch den Druck, den das Kinn auf die Brust ausübt. Der Nacken wird gedehnt, die Bauchatmung angeregt. Außerdem wird die Durchblutung gefördert, venöse Stauungen in Beinen und inneren Organen werden beseitigt; die Organe des Bauchraums und die Geschlechtsorgane werden entlastet, Krampfadern und ähnlichem wird vorgebeugt. Das Gehirn wird besser durchblutet, die Lunge nachhaltig durchlüftet. Auch die esoterischen Wirkungen dieser Asana sind enorm: positive und negative Energien werden zum Ausgleich gebracht, die Chakren angeregt und der Fluß von Prana gefördert. So lautete die Anweisung:

»Leg dich mit geschlossenen Beinen in der *Totenstellung* (vgl. dort) auf den Rücken. Die Arme liegen parallel zum Körper, die Handflächen nach unten. Heb nun langsam die gestreckten Beine über den Körper, höher und höher, gefolgt von Hüfte und Rumpf. Beug die Arme, um den Körper in der Hüfte zu stützen, bis das Brustbein fest an das Kinn drückt. Bring nun Rumpf und Beine in möglichst

Schulterstand, dynamische Phase

Schulterstand, Endstellung

senkrechte Stellung und atme völlig ruhig und entspannt. Senk nun langsam die gestreckten Beine weit hinter den Kopf – der Rumpf bleibt aufrecht –, bis die Zehenspitzen den Boden berühren. Drück die Fersen nach hinten und verharre einige Zeit ruhig und tief atmend in dieser Stellung, die einem unserer alten Ochsenpflüge ähnelt. Wenn du zum Boden zurückkehrst, bleiben Kopf und Nacken stets am Boden, die Wirbelsäule wird Wirbel für Wirbel – am Nacken beginnend – abgerollt, bis du wieder mit dem ganzen Körper flach auf dem Rücken liegst. Entspanne dich eine Weile in der Totenstellung, bevor du weitermachst.«

Die Pflugstellung ergänzt und verstärkt die Wirkungen des Schulterstandes. Die inneren Organe – vor allem Leber, Milz und Sexualdrüsen – werden massiert, die Muskulatur des Unterleibs wird gestärkt. Gesicht, Stirn und Haarboden werden vermehrt durchblutet, die Hauptkanäle der Lebensenergie in und entlang der Wirbelsäule – IDA, PINGALA und SHUSHUMNA – werden gereinigt, wodurch diese Asana belebend und verjüngend wirkt.

Für Fortgeschrittene gibt es bei dieser Übung – wie bei den meisten Asanas – eine Vielzahl von Variationen, die jedoch eher sportlichem Ehrgeiz gerecht werden als einer größeren Wirksamkeit.

Pflug, dynamische Phase

Pflug, Endstellung

Zange
(Paschimottanasana)

Diese Übung hat auf den ersten Eindruck nichts Besonderes, nichts Spektakuläres. Für viele fehlt ihr das Flair
»echter Yogaübungen«: akrobatische Verrenkung. Und
doch steht in der *Hatha Yoga Pradipika:*

> *Diese vortrefflichste aller Asanas läßt*
> *den Atem durch SHUSHUMNA fließen,*
> *regt das Verdauungsfeuer an,*
> *formt die Lenden und vertreibt*
> *alle Krankheiten der Menschen.*

In dieser Sutra wird auch der Name der Asana klar: im
Westen (PASCHIMA) aufsteigend. Westen steht hier für den
»hinteren Weg«, den Prana nimmt, den Weg durch die
Shushumna bis zum Hinterkopf.
Diese Asana ergänzt die vorangegangene Pflugstellung,
Dehnung und Gegendehnung gleichen sich aus. Sie baut
Fett ab und belebt das Nervensystem. Die Muskulatur der
Wirbelsäule und des Bauchraums wird gefestigt, Sehnen
und Bänder werden gedehnt. Vor allem aber belebt sie die
inneren Organe des Bauchraumes und eliminiert dadurch
zahlreiche Funktionsstörungen von Leber, Nieren, Galle,
Darm und Milz. Hier die Anweisung meines Meisters:
»Streck die Arme weit hinter den Kopf, und mach dich
möglichst lang. Setz dich nun langsam auf, die Zehen nach
oben gerichtet. Zieh den Bauch ein, und senk den Oberkörper ausatmend nach vorn. Der Rücken bleibt gestreckt,

während du die Hände auf den Schienbeinen weiter nach vorn schiebst. Umfaß mit den Mittelfingern die großen Zehen, und hake die Daumen ineinander. Bring nun die Brust auf die Oberschenkel, die Stirn zum Schienbein, ohne die Knie zu beugen. Atme ruhig und tief und verweil, so lange du kannst, in dieser Asana, bevor du langsam in deine Ausgangsstellung zurückkehrst und dich in *Shaba-sana,* in der Totenstellung, entspannst.«

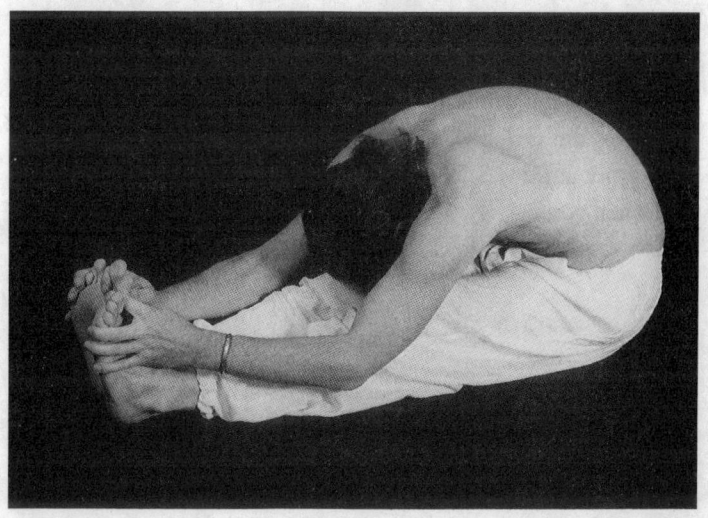

Zange

Schmetterling
(Bhadrasana)

»Setz dich aufrecht hin, die Wirbelsäule gerade. Umfaß deine Füße mit den Händen, und zieh sie möglichst nahe an das Gesäß. Beweg nun die Knie auf und ab wie ein Schmetterling, der sich in der Sonne auf einem Blatt wärmt. Dann streck die Beine aus, umfaß mit den Händen deinen linken Fuß, und leg ihn möglichst hoch auf den rechten Oberschenkel. Und nun wipp mit dem linken Knie. Dann führ dasselbe mit dem rechten Bein durch.

Diese Asana dehnt die Bänder und Sehnen der Beine und macht die Gelenke geschmeidig. Damit bereitest du den Körper auf das Sitzen für die Atemübungen und Meditationen vor.«

Schmetterling

Fisch
(Matsyasana)

»Bei MATSYASANA sitzt du zunächst mit gestreckten Beinen auf dem Boden, die Füße sind geschlossen. Nun schiebst du die Hände unter das Gesäß, die Handflächen nach oben. Neig den Oberkörper nach hinten, stütz dich auf den Ellbogen ab. Auch der Nacken wird abgerollt, bis der Scheitel den Boden berührt. Nun bleib ein paar tiefe Atemzüge in dieser Stellung.

Heb langsam den Kopf und leg ihn sanft auf den Boden. Lös die Arme und entspanne dich. Bleib ruhig liegen. Dann wiederhol nochmals die Körperhaltung der *Zange*.«

Auch diese Asana ist eine Gegenstellung zu Schulterstand und Pflug. Wurden vorher Nacken und Rücken gestreckt, werden sie nun komprimiert. Die Halsmuskulatur wird gedehnt, Verspannungen in Nacken und Schultern beseitigt. Die Organe in Bauchhöhle und Becken werden angeregt und gestärkt. Vor allem aber wird der Brustkorb gedehnt, die Lungenkapazität erweitert. Besonders die oberen Lungenspitzen unterhalb des Schlüsselbeins werden besser durchlüftet.«

Fisch

Kobra
(Bhujangasana)

»BHUJANGA, die Königskobra, gab dieser Asana ihren Namen. Dies hat zwei Gründe: Zum einen ahmst du mit dieser Stellung die Haltung einer angriffsbereiten Kobra nach, mit weitaufgerichtetem Kopf und Rumpf; zum andern wird durch diese Übung die Kundalini erweckt – die mystische Schlangenkraft, die in deinen Lenden wohnt. Wenn es dir gelingt, sie zu wecken, wenn sie durch die Nadis aufsteigt, aufsteigt durch Shushumna, von Chakra zu Chakra, bis sie schließlich deinen Scheitel erreicht, SAHASRARA, den tausendblättrigen Lotos, erreichst du Samadhi, die Krone des Samyama, das Ziel allen Yogas.

Leg dich mit geschlossenen Beinen auf den Bauch. Leg die Hände unter die Schultern, die Handflächen nach unten. Die Stirn liegt fest auf dem Boden. Heb nun langsam den Kopf, roll jeden einzelnen Wirbel des Nackens ab. Weiter und immer weiter. Zieh mit dem Kopf deinen Rumpf hoch – nur mit dem Kopf. Die Arme dienen nur dazu, daß der Körper nicht zurückfällt. Beug Körper, Nacken und Kopf so weit wie möglich nach hinten, halte diese Stellung ein paar tiefe Atemzüge, und dann kehr in umgekehrter Reihenfolge ganz langsam zum Boden zurück.«

Diese Asana verleiht der Wirbelsäule Geschmeidigkeit und Flexibilität. Shushumna, Ida und Pingala werden gelockert und angeregt. Außerdem wirkt diese Asana auf den Verdauungstrakt und angegliederte Drüsen. Durch die Regulierung der hormonellen Ausschüttung – vor allem der Bauchspeicheldrüse, der Schilddrüse und der Nieren und

Nebennieren – hilft diese Asana, Gesundheit, Vitalität und Jugendlichkeit zu bewahren.

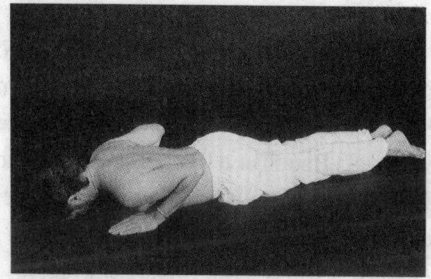

Kobra, Ausgangsstellung

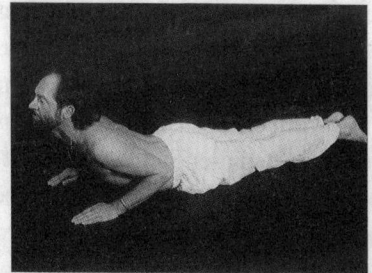

Kobra, dynamische Phase

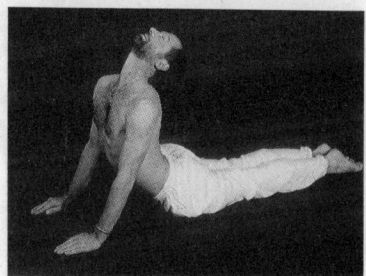

Kobra, Endstellung

Heuschrecke
(Shalabhasana)

»Diese Asana ergänzt die Kobra – sie ist eine der wenigen Asanas, in die wir ruckartig, mit einem plötzlichen Schwung hineingehen. Sie wirkt vor allem auf den unteren Teil des Körpers, während die Kobra eher den oberen Teil kräftigt. Sie strafft Bauch und Rücken, massiert die inneren Organe. Durch das unwillkürliche Anhalten des Atems wächst der Druck in den Lungen, die Lunge wird gestärkt, die Lungenspitzen werden mit Sauerstoff ›gewaschen‹.«

Nach der Kobra liegt man entspannt auf dem Bauch. Nun dreht man sich nach links, bis man auf der Seite liegt. Mit gestreckten Armen werden die Hände zu Fäusten geballt und zwischen die Oberschenkel gedrückt. Dann dreht man sich wieder in die Bauchlage. Die Beine werden – gestreckt – leicht angehoben. In dieser Stellung verharrt man, atmet tief ein, bevor man die Beine mit einem Ruck bogenförmig möglichst weit nach oben und vorn – über den Kopf – schwingt. Man verharrt einige Sekunden, wenn die abgewinkelten Beine den höchsten Punkt erreicht haben, dann kehrt man langsam zum Boden zurück.

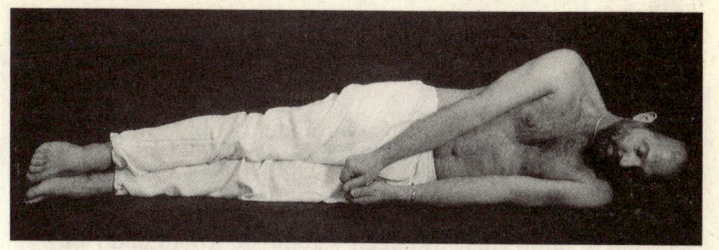

Heuschrecke, Ausgangsstellung 1 (Seitenlage)

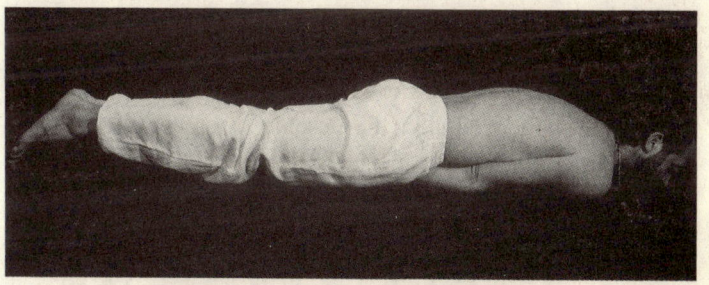

Heuschrecke, Ausgangsstellung 2 (Bauchlage)

Heuschrecke, Endstellung

Bogen
(Dhanurasana)

Die Stellung des Bogens verbindet Kobra und Heuschrecke. Allerdings ist die Rückenmuskulatur hierbei pas-
siv, während sie bei Heuschrecke und Kobra aktiv war.
Auch in ihren Auswirkungen vereint sie Kobra und Heuschrecke. Vor allem die Funktion der Bauchspeicheldrüse
wird normalisiert, die Blutzirkulation im Verdauungstrakt
aktiviert. Durch die Schaukelbewegung in der dynamischen Phase dieser Asana wird Fett abgebaut, die inneren
Organe werden massiert, die Geschlechtsorgane angeregt.
»Leg dich flach auf den Bauch. Lockere deinen Rücken.
Und nun beug die Knie, umfaß mit den Händen die Knöchel, zieh die Beine so weit wie möglich nach hinten und
oben. Nun liegt dein ganzes Gewicht auf der Magenge-
gend. Die Knie bleiben geschlossen, während du im Takt
deines Atems zu schaukeln beginnst wie ein Schaukelstuhl.
Bleib vollkommen locker, verkrampf dich nicht. Und nun
kehr langsam in die Ausgangsstellung zurück. Entspann
dich und warte, bis sich der Atem wieder vollständig
normalisiert hat, bevor du wieder für kurze Zeit Paschi-
mottanasana, die Zangenstellung, einnimmst, um diese
Asana auszugleichen.«

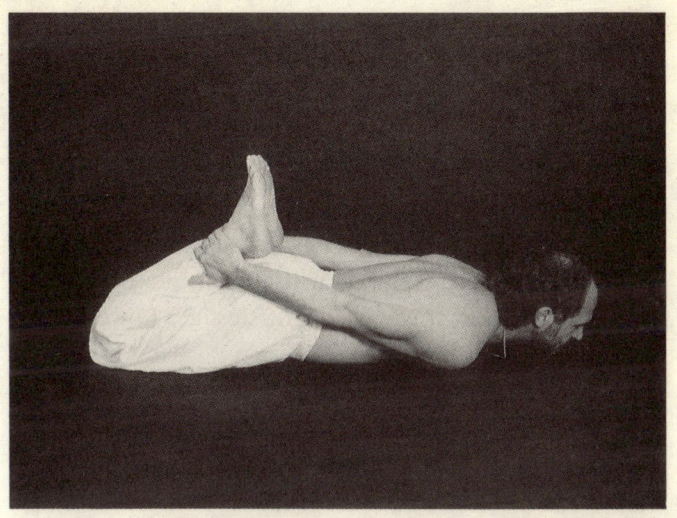

Bogen, Ausgangsstellung

Bogen, Endstellung

Löwe
(Simhasana)

»Knie dich hin und setz dich auf deine Fersen wie beim *Diamantsitz.* Beug den Oberkörper nach vorn wie ein zum Sprung ansetzender Löwe, spreiz die Finger vor den Knien, streck die Zunge so weit wie möglich heraus, und roll die Augen nach oben. Wenn du willst, kannst du bei dieser Übung auch brüllen wie ein angriffslustiger Löwe. Aber das ist nicht so wichtig.

Die Löwenstellung wirkt anregend auf Muskeln und Nerven von Hals und Rachen. Mandeln, Schilddrüse und Kehlkopf werden tonisiert, Gesicht und Augen besser durchblutet. Wenn du diese Übung oft genug ausübst, erreichst du eine Regeneration der Augen und ein jugendliches Gesicht – falls dir das wichtig ist.

Auch die folgenden Gleichgewichtsstellungen fördern die Durchblutung des Gesichts und bringen viel Energie zum Schädel. Außerdem fördern sie deine Fähigkeit zur Konzentration.«

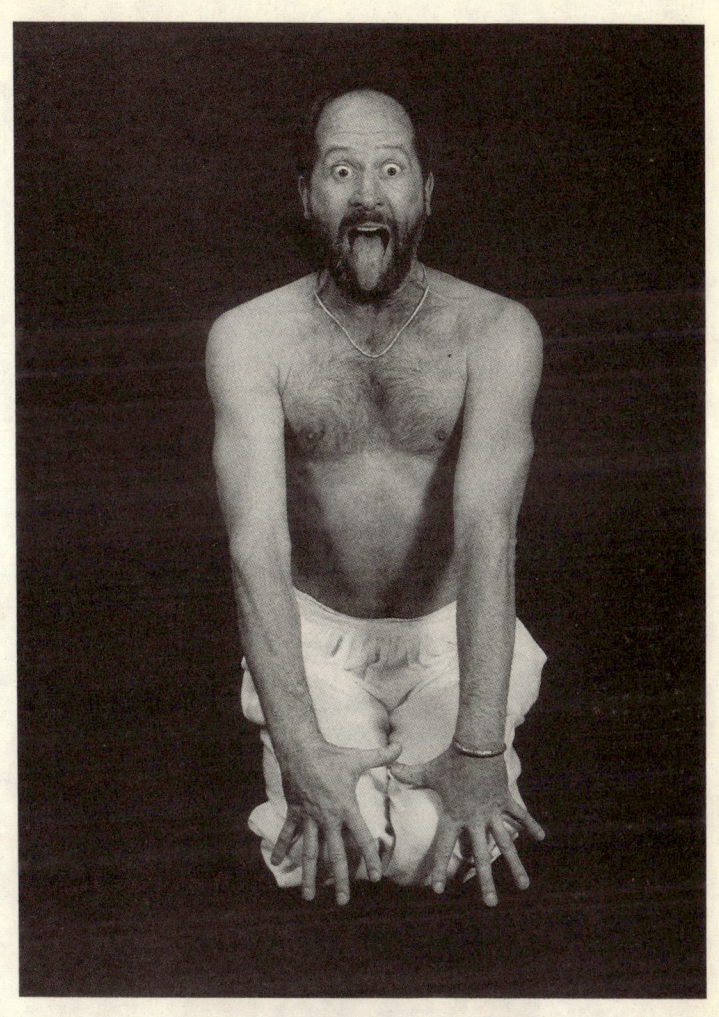

Löwe

Krähe
(Kakasana)

Diese Asana beginnt in der Hocke. Die Knie werden leicht gespreizt. Dann legt man die Hände mit den Handflächen weit vor sich auf den Boden, die Arme werden zwischen die Knie geklemmt, die Ellbogen leicht nach außen abgewinkelt. Dann verlagert man sein Gewicht auf die Hände und hebt die Beine, bis man frei auf den Händen steht.

Diese Übung kräftigt Handgelenke, Arme und Schultern. Die Atemkapazität wird erweitert, die Konzentrationsfähigkeit erhöht.

Krähe, Ausgangsstellung

Krähe, dynamische Phase

Krähe, Endstellung

Pfau
(Mayurasana)

Die Pfauenstellung ist etwas schwieriger als die Krähe. Aber sie verstärkt deren Wirkungen. Milz und Bauchspeicheldrüse werden massiert. Die Verdauung wird normalisiert.

»Knie dich hin und leg die Handflächen auf den Boden, die Finger zeigen nach hinten, Ellbogen und Arme werden zusammengedrückt. Beug dich nach vorn, bis die Ellbogen in den unteren Teil des Bauches drücken. Nun heb die gestreckten Beine, bis sie mit Körper und Kopf eine gerade Linie parallel zum Boden bilden. Verharr eine Weile, und kehr langsam auf den Boden zurück.«

Danach nimmt man wieder für ein paar Atemzüge die Stellung der *Zange* ein.

Pfau, Ausgangsstellung

Pfau, dynamische Phase

Pfau, Endstellung

Drehsitz
(Matsyendrasana)

Die vorwärts- und rückwärtsbeugenden Stellungen haben die Wirbelsäule und die Muskulatur des Rückens gedehnt, komprimiert und geschmeidig gemacht. Die drei Hauptkanäle der Lebensenergie – Ida, Pingala und Shushumna – sind weitgehend von Blockaden befreit, und auch die inneren Organe wurden abwechselnd zusammengepreßt und gedehnt. Was nun noch fehlt, um den Körper – äußerlich und innerlich – vollkommen zu massieren, ist eine seitliche Drehung. Der Rishi Matsyendra – ein mythischer Weiser des indischen Altertums – hat hierzu eine Asana entwickelt, die den Körper auswringt wie ein nasses Tuch: MATSYENDRASANA.

»Setz dich aufrecht auf den Boden. Winkle nun das linke Bein ab, bis die Ferse das Gesäß berührt. – Das Bein bleibt fest auf den Boden gepreßt. – Setz den rechten Fuß vor das linke Knie, und umfaß mit der linken Hand den Knöchel des rechten Fußes. Der Arm liegt hierbei parallel an der Außenseite der Wade. Die rechte Hand wird hinter dem Rücken zum rechten Oberschenkel geführt, bis die Fingerspitzen ihn berühren.

Auch Kopf und Nacken werden so weit wie möglich nach rechts gedreht. Der Oberkörper ist bei dieser Drehbewegung völlig aufrecht. Alles muß sanft und harmonisch erfolgen. Übe niemals mit Gewalt! Bleib nun ein paar Atemzüge lang sitzen. Komm zur Ausgangsstellung zurück, und übe dasselbe nach der anderen Seite.«

Wie die meisten Asanas hat der Drehsitz eine Vielzahl von

Drehsitz, Ausgangsstellung

Drehsitz, Endstellung

Wirkungen. Diese Stellung ergänzt die Wirkungen aller vorwärts- und rückwärtsbeugenden Übungen und sollte daher in keiner Asana-Reihe fehlen. Außer auf Muskulatur und Bänder wirkt diese Asana vor allem auf das Nervensystem im Rückgrat, diese Hauptlebensader des menschlichen Körpers. Dadurch wird der gesamte Organismus belebt und verjüngt.

Drehsitz, Variation

Hand-Fuß-Stellung
(Pada Hastasana)

Diese Übung ähnelt sowohl in ihrer Ausübung als auch in ihren Wirkungen der Zange. Die Beweglichkeit der Wirbelsäule wird verbessert, die Taille gestrafft, Bänder und Kniesehnen gestreckt. Auch die Blutzufuhr zum Gehirn wird angeregt.

Hand-Fuß-Stellung, Ausgangsstellung

»Stell dich aufrecht hin – die Beine sind geschlossen –, und heb die gestreckten Arme weit nach hinten über den Kopf. Dehn deinen Rumpf, um die Wirbelsäule zu strecken. Atme hierbei tief ein. Dann beug ausatmend den Oberkörper, bis deine Stirn die gestreckten Beine berührt.

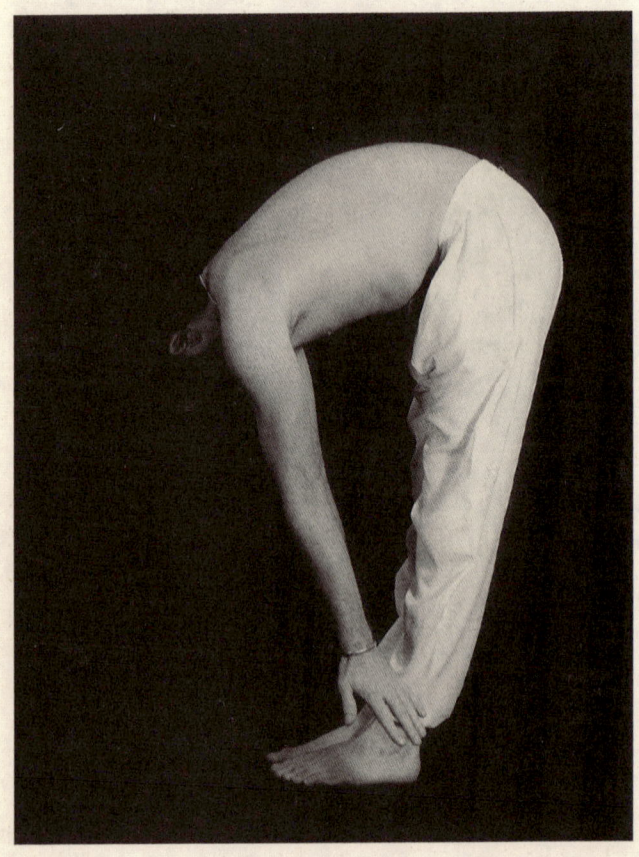

Hand-Fuß-Stellung, dynamische Phase

Setz die Handflächen seitlich hinter den Füßen auf den Boden, und atme ein paar tiefe Züge in dieser Stellung. Dann richte dich langsam wieder auf, und streck die Arme weit über den Kopf, um die Wirbelsäule nochmals zu strecken.«

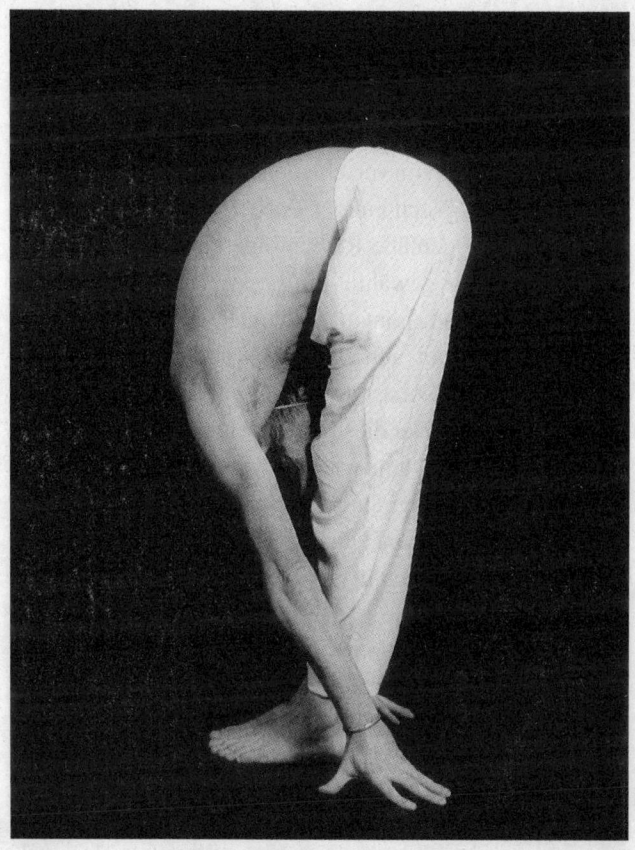

Hand-Fuß-Stellung, Endstellung

Kontraktionen des Bauches
(Agnisara Dhauti, Uddiyana Bandha und Nauli)

UDDIYANA BANDHA ist ein wahrer Segen
für die Menschheit.
Sie verleiht Gesundheit, Kraft, Langlebigkeit jenem,
der sie praktiziert.
Swami Shivananda

Diese drei Übungen bilden eine natürliche Einheit. Die Reihenfolge wird von verschiedenen Lehrern unterschiedlich praktiziert. Nach einiger Praxis wird sich jedoch bei jedem die ihm gemäße Reihenfolge einstellen. Ich habe hier die Abfolge gewählt, wie sie sich für *mich* am wirkungsvollsten und spontansten zeigte.

AGNISARA bedeutet »durch Feuer« und DHAUTI »Reinigung«. AGNISARA DHAUTI ist also eine Reinigung durch die Kraft des Feuers. Wer diese Übung ein paarmal praktiziert hat, wird diesem Namen sofort zustimmen: Der ganze Körper wird gereinigt durch die Kraft des Feuers im Verdauungstrakt, das diese Übung entfacht.

BANDHAS sind »Verschlüsse«, Kontraktionen, die in erster Linie dazu dienen, die alleserhaltende Lebenskraft Prana in bestimmte Körperregionen zu leiten. UDDIYANA bedeutet »nach oben steigend«. UDDIYANA BANDHA bewirkt also einen Aufstieg von Prana in der Shushumna und aktiviert auf seinem Weg die Chakras, diese geheimnisvollen Energiezentren, die Verbindungsglieder zwischen physischem und Astralkörper.

NAULI schließlich gehört zu den sechs Haupt-KRIYAS, Rei-

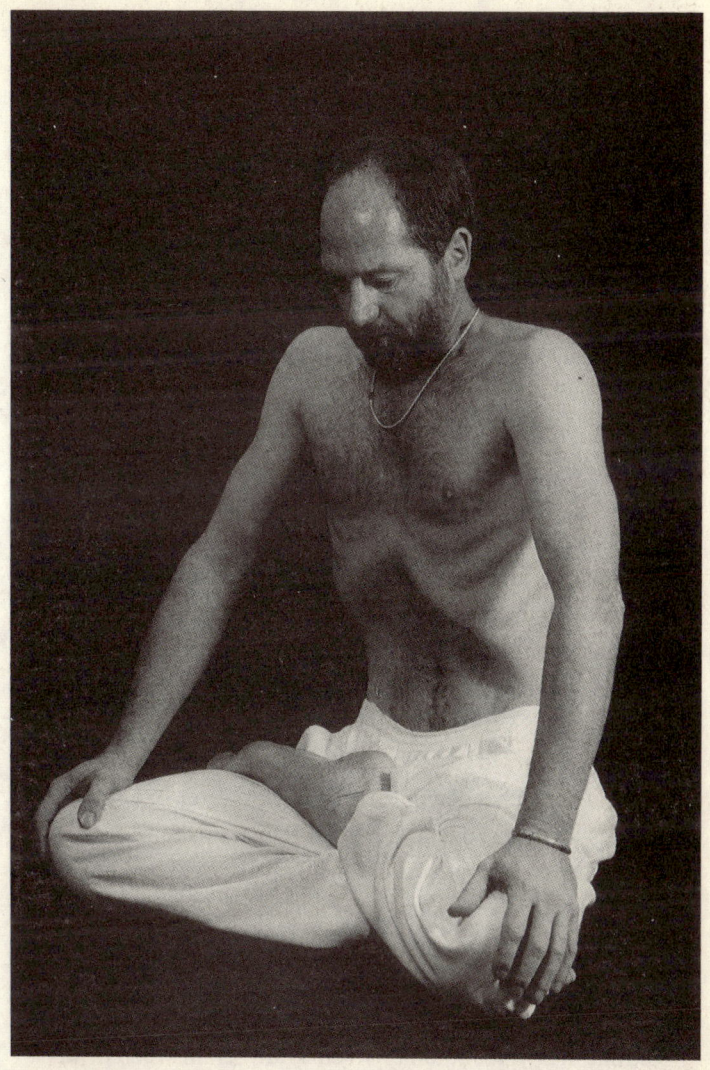

Kontraktionen des Bauches, Uddiyana Bandha (sitzend)

nigungsübungen zur Belebung und Reinigung bestimmter Körperregionen. Auch NETI und DHAUTI gehören zu diesen Reinigungsübungen.

Man sitzt bei allen drei Übungen im halben Lotossitz oder steht mit leicht gegrätschten Beinen und etwas gebeugten Knien.

»Stütz dich mit den Händen auf den Oberschenkeln ab. Der Rücken bleibt gerade. Atme mit aller Kraft aus, bis auch der letzte Rest Luft aus der Lunge gepreßt wurde. Zieh nun – ohne zu atmen – den Bauch nach innen und oben, laß ihn vorschnellen, zieh ihn wieder ein, natürlich ohne zu atmen und in möglichst gleichförmigem, schnellem Rhythmus, bis du Atem holen mußt. Du solltest in einer Phase dreißig- bis vierzigmal mit der Bauchdecke schlagen. Wiederhol dies drei- bis viermal (AGNISARA DHAUTI).

Dann atme tief aus, zieh den Bauch ein wie bei der vorigen Übung. Preß auch das letzte bißchen Luft heraus, und halte den Atem möglichst lange an. Atme dann wieder sanft ein. Auch dies solltest du drei- bis viermal wiederholen (UDDIYANA BANDHA).

Nun bist du bereit für NAULI. Atme tief aus, zieh den Bauch ein und versuche, den mittleren Bauchmuskel ›kreisen‹ zu lassen. Versuch zunächst, deinen Bauchmuskel zu isolieren, so daß er als senkrechter Strang in der Bauchmitte hervortritt. Zieh nun auch die Flanken an, dann drück mit der linken Hand nach unten und versuch, den Muskel nach rechts zu bewegen und umgekehrt. Mit der Zeit wirst du gleitende, wellenförmige Bewegungen erreichen, die die Organe des Bauchraumes noch kräftiger massieren, als dies bei den beiden vorhergehenden Übungen der Fall ist.«

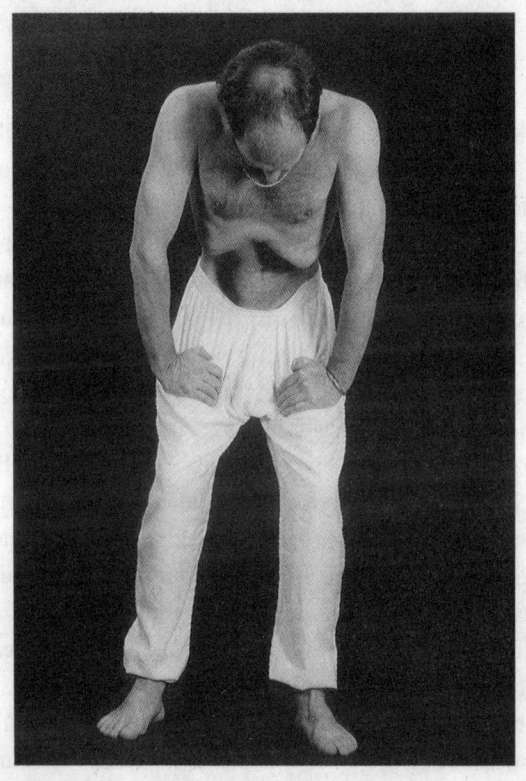

Kontraktionen des Bauches, Nauli

Die Wirkungen dieser Übungen liegen auf der Hand: Magen und Darm werden entleert und massiert, die inneren Organe werden verstärkt durchblutet und belebt, der gesamte Verdauungsapparat wird durch diese »Tiefenmassage« normalisiert. Swami Shivanada sagte einmal, daß diese Übungen in keinem System orientalischer oder westlicher Körpererziehung ihresgleichen hätten.

Kopfstand
(Shirshasana)

Der Kopfstand ist wohl eine der umstrittensten Yogaübungen. Während er – vor allem im Westen – häufig als sinnloser und gefährlicher akrobatischer Akt betrachtet wird, sehen viele Yogis in ihm den »König der Asanas«. Auch Swami Vedantanand und Baba Ram Dass räumten ihm eine zentrale Stellung innerhalb der Asanas ein; allerdings betonten sie gleichzeitig die Notwendigkeit völlig korrekter Praxis, um jede Gefahr auszuschließen.

»Knie dich hin. Verschränk die Finger, und bilde mit Ellbogen und Händen einen Dreifuß auf dem Boden. Bette den Scheitel nun zwischen den Händen auf den Boden, so daß sich der Kopf nicht mehr bewegen kann. Nun streck die Beine und heb die Hüfte, bis der Rumpf möglichst gestreckt ist. Geh mit den Zehen möglichst weit zum Gesicht, bis Hals und Wirbelsäule vollkommen gerade sind. Dann beug die Knie – gleichzeitig – zur Brust, und heb die Füße vom Boden. Heb die Beine mit gebeugten Knien, bis auch die Oberschenkel eine Gerade mit Rumpf und Hals bilden, und dann streck die Beine. Dein Gewicht liegt nun gleichmäßig auf Kopf und Unterarme verteilt. Bleib so stehen und versuch, die gesamte Muskulatur zu lockern. Atme tief, entspanne dich, und kehr ganz langsam in umgekehrter Reihenfolge zum Boden zurück. Entspanne dich in der YOGA MUDRA oder in der *Totenstellung*.

Wenn du diese Asana absolut sicher beherrschst, kannst du sie etwas ausdehnen und variieren: Wenn du völlig entspannt auf dem Kopf stehst, grätsch die Beine, und führ

Kopfstand, 1

Kopfstand, 2

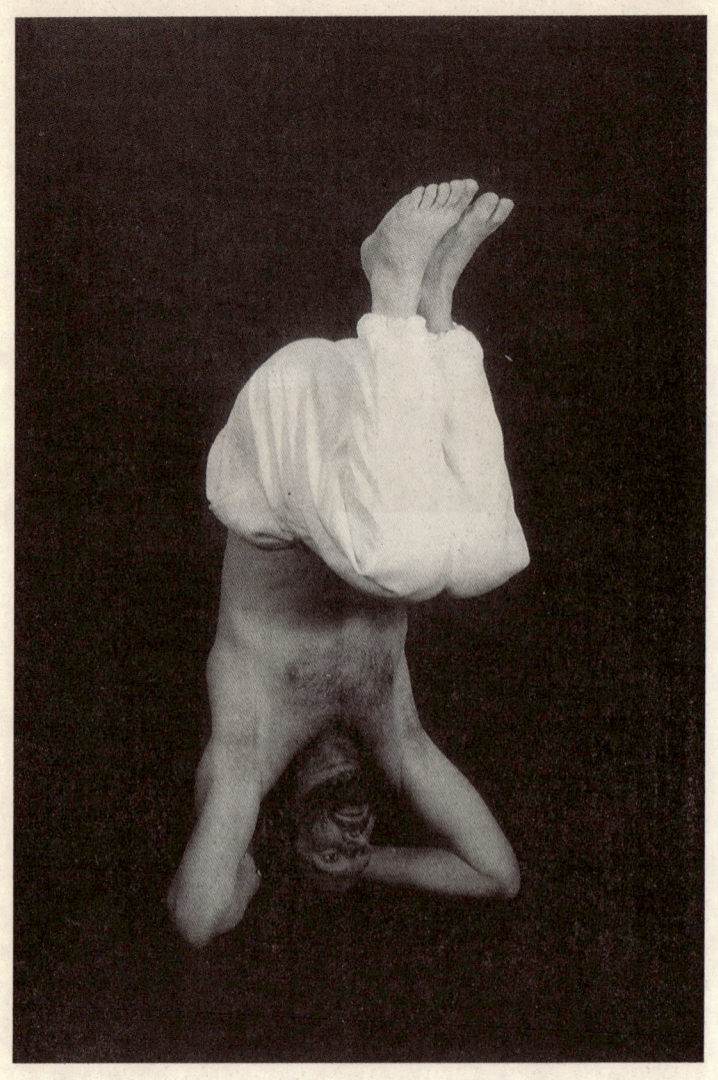

Kopfstand, 3

Kopfstand, Endstellung

dann die Fußsohlen zusammen. Dann beweg zunächst das rechte dann das linke Bein nach vorne, dem Boden zu, dann bewege beide Beine so, als wolltest du radfahren. Entspann dich wieder in der Grundstellung, und kehr langsam zum Boden zurück, um etwas in der Yoga Mudra zu verweilen.«

Die Wirkungen des Kopfstandes sind außerordentlich zahlreich: Wirbelsäule und Rückenmuskulatur werden entspannt und gekräftigt. Die Blutzirkulation wird verstärkt, die Lunge gereinigt und mit Sauerstoff versorgt. Der Organismus wird entschlackt, ohne das Herz zu belasten. SHIRSHASANA wirkt Krampfadern und Hämorrhoiden entgegen, normalisiert Prostata und Geschlechtsorgane. Auch das Verdauungssystem wird verbessert, die Kapillaren des Gehirns werden besser durchblutet, die Hypophyse und damit die Funktion aller innersekretorischen Drüsen normalisiert. Auch Gehör und Gesichtssinn profitieren von dieser Asana. Dies ist nur eine kleine Palette der Wirkungen, die dieser Stellung zugeschrieben werden.

Dhirendra Brahmachari schreibt in seinem Buch *Yoga hilft heilen* über die Wirkungen dieser Asana: »Wie der Löwe der König der Tiere ist, so ist die Kopfübung Shirshasana die Königin der Yogaübungen. Es gibt keine Krankheit, die mit ihrer Hilfe nicht geheilt werden könnte … eine komplette Liste mit all den Vorteilen, die diese Übung bietet, ließe sich nur schwer aufstellen. Als besonders hilfreich hat sie sich aber in folgenden Fällen erwiesen: bei Sehfehlern, Neubelebung der Kopfhaut (sie verhindert Schuppenbildung und Grauwerden des Haares), Blutreinigung, Lepra, den 24 verschiedenen Erkrankungen der Harnwege, Frauenleiden, Hämorrhoiden …«

Allerdings gehen einige Yogis von einer Übungsdauer aus, die im Westen wohl nur selten zu erreichen ist. So steht in der *Yoga Tattva Upanishad:*

> *Wer den Kopfstand drei Stunden täglich übt,*
> *bezwingt die Zeit.*

Kopfstand, Variation

Kopfstand, Variation

Kopfstand, Variation

Totenstellung
(Shabasana)

Dies ist die klassische Entspannungsstellung, die am Ende jeder Asana-Reihe – eventuell zusätzlich an deren Beginn – eingenommen werden sollte, um völlig zur Ruhe zu kommen.

Man legt sich mit leicht gespreizten Beinen auf den Rücken. Die Arme liegen locker neben dem Körper, die Handflächen schauen nach oben. Knie und Zehen sind leicht nach außen gerichtet.

»Fühl, wie dein Körper mehr und mehr in den Boden hineinschmilzt, wie dein Atem langsamer und tiefer wird. Fühl den Frieden, die absolute Ruhe, die in dir wohnt! Fühl, wie all die Wellen deines Verstandes langsam zur Ruhe kommen, verlöschen im großen Atem Gottes:

OM. SHANTI. SHANTI. SHANTI.«

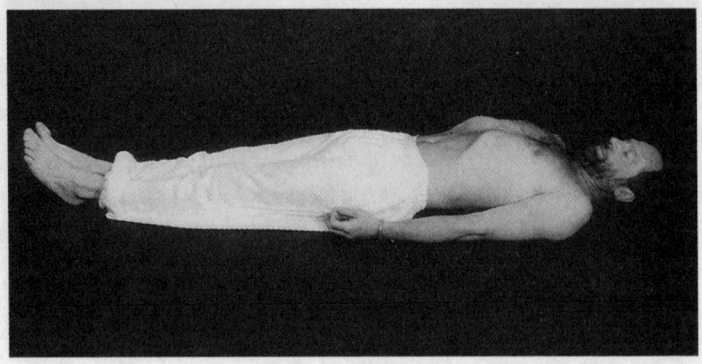

Totenstellung

6

PRANAYAMA –
BEHERRSCHUNG DER LEBENSKRAFT

Prana

So wie sich die Ursubstanz der Schöpfung (PRAKRITI) zunächst als Äther (AKASHA) manifestiert, manifestiert sich die Urform aller Energie, PURUSHA, als PRANA, alles durchdringend, alles belebend. Prana ist die Energie des Lebens schlechthin, die Antriebskraft alles Lebendigen, der ewige Rhythmus des Universums von seiner Entstehung bis zu seinem Erlöschen. Alle Kräfte des Universums sind nichts anderes als Modifikationen des Prana. Vivekananda schreibt einmal:

»Angenommen, ein Mensch kennte den Prana bis ins letzte und wüßte ihn zu beherrschen. Welche Kraft auf Erden stünde ihm nicht zu Gebote? Er würde imstande sein, Sonne und Sterne aus ihrer Bahn zu werfen und alles im Weltall zu beherrschen, weil er den Prana beherrschen würde.«

PRANAYAMA bedeutet also viel mehr als »Beherrschung des Atems«, wie es häufig übersetzt wird. Pranayama ist die Beherrschung jener Kraft, die dieses Weltall formt:

»Alles Gestaltete hat sich aus diesem AKASHA entwickelt.

Es ist der Akasha, der zur Sonne, zur Erde, zum Mond, zu den Sternen und Kometen wird; es ist der Akasha, der zum menschlichen und zum tierischen Körper, zur Pflanze und zu jeder Form, die wir sehen, wird... durch welche Kraft wird aus dem Akasha dieses Weltall gebildet? Durch die Kraft des Prana.«[1]

Prana ist also jene Kraft, »die die Welt im Innersten zusammenhält«, die Lebenskraft in allen Lebewesen. Sie zu beherrschen bedeutet, das Leben selbst zu beherrschen. Damit kommt dem Pranayama eine zentrale Bedeutung innerhalb der Yogalehre zu: Man erreicht damit Gesundheit und ein langes Leben, und gleichzeitig bereitet man Körper und Geist auf SAMYAMA vor, die Krönung des Yoga, die Trias aus DHARANA, DHYANA und SAMADHI, die wir im Westen als Meditation bezeichnen. Obwohl Prana in allem enthalten ist, in jeder Nahrung, in allem was lebt, ist der beste Ansatz, Prana zu speichern und zu lenken, der Atem. Korrektes Atmen erfüllt also zwei Funktionen: Es vermehrt den Sauerstoffgehalt des Blutes, und es dient der Kontrolle von Prana.

Prana fließt vor allem in den NADIS und belebt auf seinem Weg die CHAKRAS des Astralkörpers. Durch die vorangegangenen Asanas wurden die Nadis gereinigt und von Blockaden befreit, damit Prana ungehindert fließen kann, um den ganzen Körper zu beleben.

1   Swami Vivekananda: *Raja-Yoga,* Freiburg 1983

Energiekanäle und Energiezentren
(Nadis und Chakras)

Nach der Yogalehre wird der grobstoffliche Körper durch Prana mit dem Astralkörper verbunden. Die NADIS sind somit sowohl Kraftlinien des physischen Körpers als auch Energiebahnen in unserem Astralkörper. 72 000 dieser »Nervenbahnen« gibt es den Yogis zufolge. Sie durchziehen jeden Teil unseres Körpers, jeden Muskel, jede Faser. Wenn Prana, diese Kraft ständiger Erneuerung, nicht richtig fließen kann, entstehen Krankheit und Tod. Es ist also wichtig, durch Asanas und Pranayama die Voraussetzungen zu schaffen, daß Prana ungehindert fließen kann. Doch sind Gesundheit und langes Leben niemals Selbstzweck für einen Yogi. Sie dienen nur dem Zweck höherer Erkenntnis.

Die Hauptnadis befinden sich in der Wirbelsäule, weshalb auch alle Asanas diesen Bereich des Körpers trainieren. Wichtigste Nadi ist SHUSHUMNA, dem Rückenmark des physischen Körpers entsprechend. Zu beiden Seiten der Shushumna verlaufen zwei weitere Nadis: IDA und PINGALA. Diese Säulen der sensorischen und motorischen Nervenfasern entsprechen den Nervenknoten des Rückenmarks: Rechts verläuft die männliche Pingala, links die weibliche Ida. Diese Energiekanäle wurzeln im tiefsten Punkt des Rumpfes, dem MULADHARA CHAKRA. Von hier aus winden sich Ida und Pingala spiralförmig um die Shushumna, schwingen sich unter der Schädeldecke nach vorn und enden, sich überkreuzend, in den beiden Nasenlöchern.

Im Muladhara Chakra befindet sich die KUNDALINI, die Kraft, deren Erweckung alle Yogadisziplinen anstreben. Gelingt es, die Kundalini zu erwecken und von Chakra zu Chakra aufsteigen zu lassen, erschließt sich eine Schicht des Bewußtseins nach der anderen:

»So ist die Erweckung der Kundalini der einzige Weg, der zu göttlicher Weisheit, überbewußter Wahrnehmung und Innewerdung des Geistes führt ... was also die Menschen in ihrer Unwissenheit unter verschiedenen Namen mit Furcht und Zittern anbeten, ist – so verkündet der Yogi der Welt – die wahre Kraft, die in jedem Wesen zusammenge-rollt ruht, der Urquell ewiger Glückseligkeit.«[1]

Die sieben Chakras sind Energiezentren des menschlichen Körpers, die alle Lebensvorgänge beeinflussen. Sie sind Ausdruck von Akasha, so daß sich in ihnen die grundle-genden Eigenschaften des Universums manifestieren: Ma-terie und Energie, Akasha und Prana, Prakriti und Purusha. Sechs dieser Transformatoren der Pranaenergie befinden sich auf der Shushumna, das siebte Zentrum liegt auf der Krone des Schädels. Erreicht die Kundalinienergie diesen »tausendblättrigen Lotos«, erlangt der Yogi Samadhi.

Alle Chakras werden mit einer bestimmten Anzahl von Blütenblättern dargestellt, die die Anzahl der Nadis sym-bolisieren, die hier entspringen. Jedes Blatt steht außerdem für einen Ton, der erzeugt wird, wenn die Kundalini-Ener-gie durch das entsprechende Chakra fließt und dieses in Schwingung versetzt. Alle Chakras sind mit einer charak-teristischen Farbe und einem besonderen Klang, dem so-genannten Keimlaut, ausgestattet.

1   Swami Vivekananda: *Raja-Yoga,* Freiburg 1983

In diesen sieben Energiezentren ist die gesamte Struktur des Universums dargestellt: von der Stufe grober Materialität bis zur Stufe der Ausdehnung reinen Seins, aufwärtsstrebend, dem »Ozean ewiger Glückseligkeit« entgegen wie wir alle: SAT CHIT ANANDA (Sein-Bewußtsein-Seligkeit).

Die unteren vier Chakras stellen die vier grobstofflichen Elemente des SANKHYA, der klassischen Yoga-Philosophie, dar – Erde, Wasser, Feuer und Luft. Das fünfte symbolisiert Akasha, den Äther oder Raum der Schöpfung, jenen subtilsten Bereich des materiellen Universums. Das Stirnzentrum (AJNA CHAKRA) symbolisiert individuelles Bewußtsein, das Scheitelzentrum (SAHASRARA-CHAKRA) schließlich ist die Ebene letzter Wirklichkeit, kosmisches Bewußtsein, jenseits aller Beschränkungen von Zeit und Raum.

Wurzelzentrum
(Muladhara Chakra)

Das unterste Chakra, an der Wurzel der Wirbelsäule, enthält die vitale Energie, die schlummernde Kraft Kundalini, das schöpferische Prinzip des Universums, die Macht der Schöpfung und des Schöpfers, die Shakti Brahmas. Sie manifestiert sich spontan in der Sexualität – oder sie wird sublimiert, verwandelt. Sie ist Kraftquelle jeder schöpferischen Energie, ja, allen Tuns schlechthin.

Das Wurzelzentrum (MULADHARA CHAKRA) wird in Form eines vierblättrigen Lotos dargestellt, dessen Fruchtboden ein gelbes Quadrat mit der Keimsilbe LAM darstellt. Es ist mit dem Erdelement identisch und wird von Airavati, dem siebenrüsseligen Elefanten Indras, getragen.

Seine Schöpfungskraft, in der Männliches und Weibliches gleichermaßen enthalten sind, wird symbolisiert durch die äußeren Fortpflanzungsorgane, einen im Zentrum eines Dreiecks (YONI) aufragenden Phallus (LINGAM), um den sich die Schlangengöttin Kundalini windet. Über den, der sich auf dieses Chakra konzentriert, sagt Swami Shivananda:

Sein Prana tritt in die mittlere BRAHMA NADI ein.
Seine Sünden werden ausgelöscht.
Er erkennt Vergangenheit, Gegenwart und Zukunft.

Unterleibszentrum
(Svadhisthana Chakra)

Das Unterleibszentrum liegt etwa vier Fingerbreit unterhalb des Nabels. Im materiellen Körper entspricht es dem Plexus Hypogastricus, der die inneren Organe der Ausscheidung und Fortpflanzung beherrscht. Das Erdelement des Muladhara Chakra löst sich im Wasser des SVADHISTHANA CHAKRA auf. Es wird durch einen sechsblättrigen weißen Lotos dargestellt, dessen Fruchtboden eine Mondsichel mit der Keimsilbe VAM bildet. Sein Tiersymbol ist das Krokodil Makara. Es ist der Sitz verschiedener psychischer Kräfte, wie Intuition, Erkenntnis höherer Welten. Swami Shivananda sagt:

Wer sich auf dieses Chakra konzentriert,
wird zum Sieger über den Tod.

Nabelzentrum
(Manipura Chakra)

Es entspricht dem Solarplexus des grobstofflichen Körpers, dem HARA des Zen-Buddhismus. Sein zehnblättriger Lotos enthält ein rotes Dreieck mit der Keimsilbe RAM, die Blütenblätter sind leuchtend hellblau. Es wird getragen von einem Widder, dem Symbol des Feuerelementes. Es regiert die Organe der Verdauung und Ernährung. Wendet man sich den Göttern zu, die dieses Chakra beherrschen, so stößt man auf RUDRA, den zerstörerischen, ältesten Aspekt

SHIVAS, und auf LAKINI, die grausame Göttin, berauscht
vom Trank der Unsterblichkeit.

> *Dionysos oder Apollon, Shiva oder Vishnu,*
> *unten oder oben,*
> *die Entscheidung fällt hier,*
> *wo das Lachen wie das Weinen entspringt,*
> *der Trieb zu zeugender Vereinigung*
> *wie zu animalischer Lust.*
> *Hier krampft sich die Erregung der Sinne.*
> *Hier glüht das Feuer des Stoffwechsels.*
> *Hier verknoten sich PRANA VAYU und APANA VAYU.*[1]

Herzzentrum
(Anahata Chakra)

ANAHATA bedeutet »Aufhören des Pulsschlages«. Gemeint
ist die »Losgelöstheit« vom Pulsschlag der Welt. Wer
dieses Chakra voll aktiviert, ist losgelöst von der Welt der
Erscheinungen und agiert doch in ihr, er ruht in sich selbst
auf der Ebene des absoluten Gleichgewichts, der Harmonie
und Ausgewogenheit zwischen den verschiedenen gegen-
sätzlichen Prinzipien der Schöpfung, männlich und weiblich, Shiva und Shakti.
Das Zentrum Anahata hat seine körperliche Entsprechung
im Herzen. Es wird dargestellt als zwölfblättriger Lotos,
dessen graublaues Hexagramm mit der Keimsilbe YAM
von zinnoberroten Blütenblättern umgeben ist. Sein Sym-

1   H. U. Rieker: *Die 12 Tempel des Geistes,* Zürich 1955

boltier ist die Gazelle, Sinnbild der Grazie und Losgelöstheit eines Menschen, der Anahata verwirklicht hat. Swami Shivananda schreibt einmal:

Wer über dieses Zentrum meditiert,
beherrscht in vollkommener Weise Vayu Tattva
(Lufteigenschaft),
die voller SATTVA ist.
Er vermag durch die Luft zu fliegen
und in die Körper anderer einzudringen.
Kosmische Liebe und andere göttliche Eigenschaften
werden ihm zuteil.

Kehlkopfzentrum
(Vishuddha Chakra)

Auf seinem weiteren Weg aufwärts erreicht Prana das Kehlzentrum, das Zentrum von Raum und Klang. Von ihm gehen sechzehn Nadis aus, seine lavendelfarbenen Blütenblätter tragen sämtliche Vokale des Sanskritalphabets, denn VISHUDDHA CHAKRA ist auch der Sitz der Sprache. Ein silberner Halbmond in einem weißen Kreis enthält die Keimsilbe HAM, die von einem Elefanten mit sechs Stoßzähnen getragen wird. Bei Swami Shivananda heißt es:

Die Konzentration auf die Eigenschaften dieses Chakra
heißt AKASHI DHARANA.
Wer diese Konzentration übt,
wird selbst beim Untergang des Kosmos nicht vergehen.

Stirnzentrum
(Ajna Chakra)

Das Stirnzentrum liegt im Zwischenraum zwischen den
beiden Augenbrauen, dem Sitz des »dritten Auges«. Es
entspricht im physischen Körper der Zirbeldrüse. Ida, Pingala und Shushumna vereinigen sich hier, im Sitz des
Bewußtseins. Zwei Blütenblätter strahlen von der Mitte
dieses milchigweißen Chakra aus, seine Keimsilbe ist ein
kurzes A. Shivananda sagt:

Wer sich auf dieses Chakra konzentriert,
zerstört alles Karma aus vergangenen Leben.
Deshalb sind die Wohltaten solcher Meditation,
die den Yogi zum JIVANMUKTI, zu einem im Leben
Befreiten macht,
unbeschreiblich bedeutsam.

Scheitelzentrum
(Sahasrara Chakra)

Das Stirnzentrum ist das letzte Zentrum auf der Bahn der
aufsteigenden Energie. Bis zu diesem Chakra führt den
Yogi die eigene Arbeit. Was jenseits liegt, ist jener Funke
der Gnade, ohne den das letzte Ziel – SAHASRARA – nicht
erreicht werden kann. Das Scheitelzentrum, der »tausend-
blättrige Lotos«, liegt oberhalb des Scheitelpunktes des
Schädels, also außerhalb des grobstofflichen Körpers. Tau-
send Blütenblätter in allen Farben strahlen von ihm aus,

zwanzigmal laufen die fünfzig Buchstaben des Sanskrit-alphabets auf diesen Nadis rundum, die Gesamtheit aller Chakras und Keimsilben symbolisierend, so wie sein Keimlaut – OM – die Basis aller Klänge des Universums, ja die Schöpfung überhaupt, darstellt. Dieses Chakra entspricht dem kosmischen Bewußtsein. Hier kann Shiva, der MAHAYOGIN, der Herr des Yoga, erfahren werden. Hier ist der Sitz von PARAMANANDA, der höchsten Seligkeit. In der *Chandogya Upanishad* heißt es:

> *Wer dieses schaut, schaut nicht den Tod,*
> *er sieht weder Krankheit noch Leid.*
> *Wer dieses schaut, schaut alles, was ist,*
> *er erlangt alles überall.*

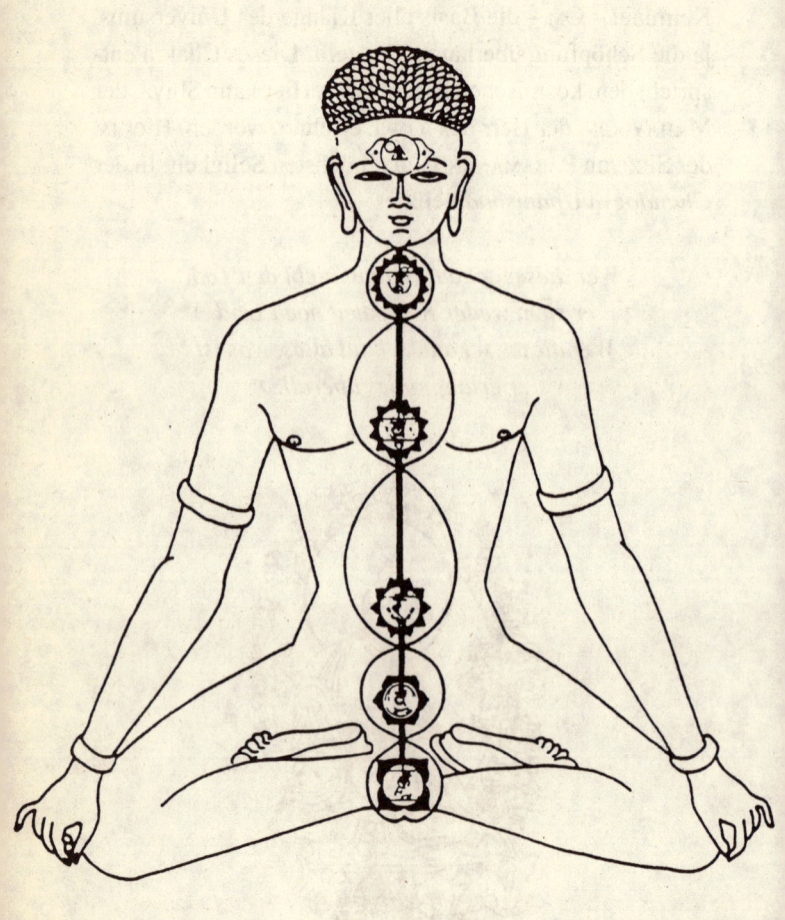

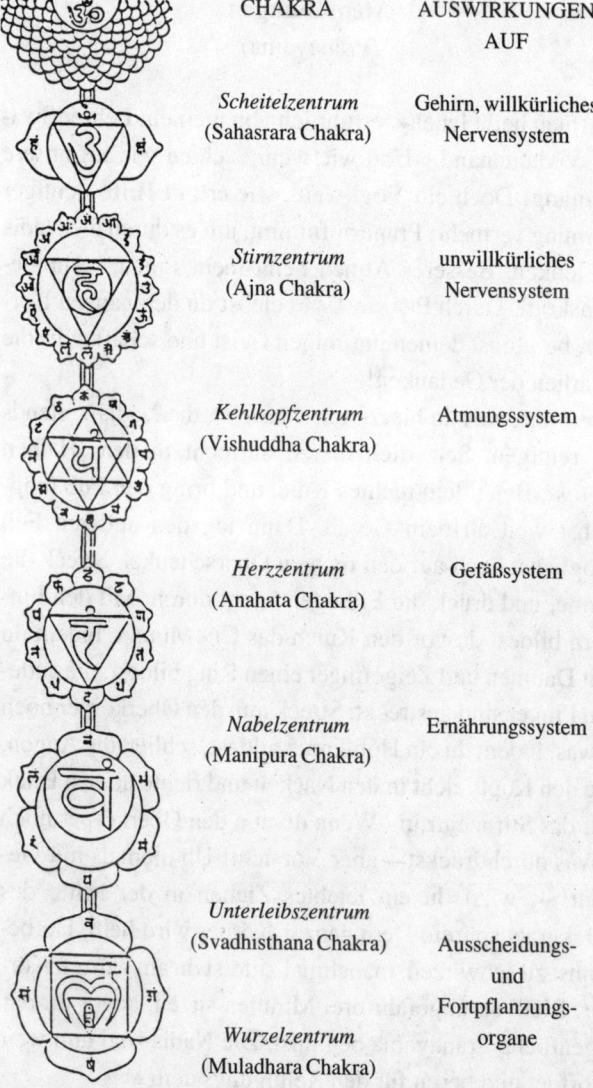

CHAKRA	AUSWIRKUNGEN AUF
Scheitelzentrum (Sahasrara Chakra)	Gehirn, willkürliches Nervensystem
Stirnzentrum (Ajna Chakra)	unwillkürliches Nervensystem
Kehlkopfzentrum (Vishuddha Chakra)	Atmungssystem
Herzzentrum (Anahata Chakra)	Gefäßsystem
Nabelzentrum (Manipura Chakra)	Ernährungssystem
Unterleibszentrum (Svadhisthana Chakra)	Ausscheidungs- und Fortpflanzungs- organe
Wurzelzentrum (Muladhara Chakra)	

Atemübungen

(Pranayama)

»Atmen heißt leben«, erfuhr ich von meinem Lehrer Swami Vedantanand. »Und wie wenig achten wir auf unsere Atmung! Doch ein Yogi weiß, wie er mit Hilfe richtiger Atmung vermehrt Prana aufnimmt, um es durch die Nadis zu lenken. Besseres Atmen heißt mehr Prana, mehr Lebenskraft. Durch PRANAYAMA belebst du den ganzen Körper, beruhigst deinen unruhigen Geist und schaffst dir die Klarheit der Gedanken!

Das erste, was du hierzu tun mußt, ist, die Nadis vollends zu reinigen. Setz dich hierzu aufrecht in den ›Halben Lotos‹: Beug dein rechtes Knie, und bring den Fuß möglichst weit an dein Gesäß. Dann leg den anderen Fuß möglichst hoch auf den rechten Oberschenkel. Streck die Arme, und drück die Ellbogen leicht durch. Mit den Fingern bildest du vor den Knien das CIN MUDRA, indem du mit Daumen und Zeigefinger einen Ring bildest, die anderen Finger sind gestreckt. Streck nun den Oberkörper noch etwas, indem du ein Hohlkreuz bildest, schließ die Augen, leg den Kopf leicht in den Nacken und richte deinen Blick auf das Stirnzentrum. Wenn du nun den Oberkörper noch etwas durchdrückst – aber Vorsicht! Üb niemals mit Gewalt! –, wirst du ein leichtes Ziehen in der Mitte des Rückgrats spüren. Dein ganzer Körper wird heiß. Du beginnst zu schwitzen, manchmal zitterst du am ganzen Körper. Bleib so ungefähr drei Minuten sitzen, bevor du das eigentliche Pranayama beginnst. Die Nadis sind nun weit geöffnet und bereit für den Reinigungsatem.«

Halber Lotos

Reinigungsatem
(Kapalabhati)

Hierbei wird die Luft in rascher rhythmischer Folge durch die weitgeöffneten Nasenlöcher aus- und eingeatmet. Beim Ausatmen wird durch das Zusammenziehen der Bauchmuskeln auch der letzte Rest verbrauchter Atemluft aus den Lungen gepreßt. Der gesamte Atmungsapparat wird nachhaltig gereinigt und aktiviert, die vermehrte Sauerstoffaufnahme fördert die Konzentrationsfähigkeit und verleiht dem Geist Klarheit, daher der Name KAPALABHATI: scheinender Schädel. Mein Lehrer erklärte:

»Halte nun mit dem Daumen der rechten Hand das rechte Nasenloch zu, und atme stoßweise durch das linke aus und ein, das Einatmen ist hierbei sehr kurz. Wiederhole diese Übung zehnmal, dann wechsle auf das andere Nasenloch, wobei du das linke Nasenloch mit gestrecktem kleinem Finger und Ringfinger verschließt. Zeigefinger und Mittelfinger sind abgewinkelt und berühren die Innenseite der Hand. Dies ist die VISHNU MUDRA, die du auch für andere Atemübungen benötigst.«

Verjüngungsatem
(Kakini Mudra)

Diese Übung dient einer besseren Durchlüftung der Mundhöhle und der Verjüngung der Wangenmuskulatur.

»Streck die Zunge etwas aus dem leichtgeöffneten Mund, und zieh die Luft hörbar zwischen Zähnen und Zunge ein. Blas die Backen auf und verschließ mit der YONI MUDRA

Verjüngungsatem, Einatmen

Verjüngungsatem, Anhalten der Luft

Verjüngungsatem, Anhalten der Luft, Variation

Verjüngungsatem, Ausatmen

die Körperöffnungen deines Kopfes: die Ohren mit den Daumen, die Augen mit den Zeigefingern, die Nasenlöcher mit den Mittelfingern, die Lippen werden von Ringfingern und kleinen Fingern zusammengepreßt. Wende nun die drei in der folgenden Übung beschriebenen ›Verschlüsse‹ (BANDHAS) an, wobei du so lange wie möglich die Luft anhältst, ohne daß es dir unangenehm wird. Lös die Bandhas und die Yoni Mudra und atme langsam durch die Nase aus. Wiederhole diese Übung drei- bis fünfmal.

Die drei Bandhas benötigst du auch für deine Hauptübung des Pranayama, für BHASTRIKA.«

Blasebalgatem
(Bhastrika)

Patanjali sagt:

Die Regelung des Atems besteht aus den Vorgängen der Ausatmung, Einatmung und des Anhaltens, und sie ist lang oder fein, wenn Ort, Dauer und Zählung beobachtet werden.

»Dies bezieht sich auf das folgende Pranayama«, erklärte mir Swami Vedantanand. »Die Zählung ist das Verhältnis zwischen Ausatmen, Einatmen und Anhalten des Atems und sollte 4 : 2 : 8 betragen. Dieser Atemrhythmus, verbunden mit den drei Bandhas, den Verschlüssen, ist das wichtigste und wirkungsvollste Pranayama. – Vivekananda sagte einmal, wer diese Übung viermal am Tag ausführe, habe in spätestens einem Monat Reinheit der Nerven erlangt. – Du vereinigst hierbei die Pranaströme aus Ida und Pingala – männlich und weiblich, Sonne und Mond –, du bringst die positive und die negative Kraft zum Ausgleich und harmonisierst dadurch Körper und Geist.

Verschließ mit dem Daumen deiner rechten Hand das rechte Nasenloch und atme vier Einheiten lang durch das linke Nasenloch aus, wobei du am Ende der Ausatmung UDDIYANA BANDHA einsetzt: Zieh den Bauch möglichst weit nach hinten hoch, dem Rückgrat zu, um auch den letzten Rest verbrauchter Luft aus der Lunge zu pressen. Nun atme zwei Einheiten lang durch das linke Nasenloch ein, verschließ mit kleinem Finger und Ringfinger zusätzlich das linke Nasenloch und wende alle drei Bandhas an: Zieh Analschließmuskel und Bauchmuskulatur zusammen (MULA BANDHA), damit schickst du Prana auf seinen Weg vom Wurzelzentrum zum Scheitel. Gleichzeitig ziehst du den Bauch möglichst weit nach hinten und oben (UDDIYANA BANDHA) und preßt das Kinn fest auf das Brustbein (JALANDHARA BANDHA). Halte dies acht Zähleinheiten ein. Dann öffnest du die drei Verschlüsse, gibst das rechte Nasenloch frei und atmest langsam aus. Nun atmest du in der gleichen Weise durch das rechte Nasenloch ein und so weiter. Diese Übung sollte mindestens zehn Atemzüge betragen, aber du kannst sie auch hundert Atemzüge lang üben.

Einige Yogis führen die einzelnen Phasen dieser Übung getrennt aus, so atmen sie zum Beispiel nur durch das rechte Nasenloch ein und durch das linke aus, um die wärmende Wirkung der Pingala zur Reinigung der Nadis zu verwenden, wir nennen diese Übung dann SURYA (Son-

Blasebalgatem, Ausatmen – Einatmen

Blasebalgatem, Anhalten der Luft

Blasebalgatem, Ausatmen – Einatmen

ne) BHEDA. Mein Guru betonte jedoch immer wieder die unvergleichlich harmonisierende Wirkung der Verbindung der beiden Pranaströme, und so praktiziere ich Pranayama, wie er es mir zeigte.«[1]

Doch Pranayama bezieht sich nicht nur auf die Atemübungen innerhalb eines Übungszyklus. Wer Yoga übt, sollte ständig darauf achten, daß er *vollständig* atmet. Die Atmung sollte langsam – nach indischer Lehre ist jedem Lebewesen nur eine begrenzte Anzahl von Atemzügen zugemessen – und unhörbar durch die Nase erfolgen. Am Anfang jeder Atmung steht eine möglichst vollständige Ausatmung – das Gefäß muß leer und sauber sein, bevor wir es wieder füllen. Dann füllt man den Bauchraum mit Luft, den Brustkorb und schließlich die Lungenspitzen. Anschließend wird die Lunge in umgekehrter Reihenfolge möglichst vollständig entleert.

Dein Atem ist dein vertrauenswürdigster Freund.
Wenn er endet, endest auch du.
Konzentriere dich also auf die Bewegung des Atems,
und du wirst Frieden finden.
Swami Advaitananda

1 Bei der Definition der verschiedenen Pranayamas scheint eine gewisse Unklarheit zu herrschen. So verwendet Dhirendra Brahmachari die Begriffe KAPALABHATI und BHASTRIKA mehr oder weniger synonym und betont die Wichtigkeit wechselseitigen Atmens. Die *Hatha Yoga Pradipika* dagegen erwähnt die wechselseitige Atmung bei Kapalabhati überhaupt nicht.
Auch bei BHASTRIKA sind sich die verschiedenen Autoren nicht einig: Einige betonen die Wirksamkeit wechselseitigen Atems, andere bevorzugen eine gleichbleibende Einatmung rechts, während die Ausatmung stets durch das linke Nasenloch erfolgt. Ich beschreibe hier diese Übungen so, wie ich sie von meinen Lehrern vermittelt bekam.

7

KONZENTRATION UND MEDITATION

Vergänglich sind alle Daseinskräfte,
Werden und Altern ist ständig ihr Teil.
Entstanden, müssen dahin sie schwinden,
Ihr stilles Verlöschen – das ist das Heil.
Das ist des Leidens Ende.[1]

Shri Bahadur sagte einmal zu mir: »Meditation ist etwas, das geschieht – wir können ES nicht erzwingen. Wir können uns nur darauf vorbereiten, die Möglichkeit schaffen, daß ES geschieht. Doch wir können es nicht erzwingen. Wie eine Rosenknospe, die sich langsam öffnet, ist Meditation: ein langsames, schrankenloses Erblühen in ewiger Seligkeit: SATCHIDANANDA.«
Alles Vorangegangene – Asanas, Pranayama etc. – schafft nur die Möglichkeit, daß ES geschieht: Körper und Geist werden ausgeglichen und klar, keine Krankheit stört, die Wünsche verlöschen, und der Geist beschäftigt sich mit seinem eigenen Ursprung.

Wie ein Reis- oder Gersten- oder Hirsekorn oder eines
Hirsekorns Korn, ist im Innern das Selbst (PURUSHA), gol-

---

1 H. v. Glasenapp: *Weisheit des Buddha*, Baden-Baden 1946.

den wie ein rauchloses Licht, größer als der Himmel, größer als der Luftraum, größer als die Erde, größer als alle Wesen. Es ist das Selbst des Hauches. Es ist MEIN SELBST.[1]

Doch wie sollen wir dieses SELBST finden, alterslos, todlos, unwandelbar seit Anfang aller Zeit? Der erste Schritt, der getan werden muß, ist das Zurückziehen der Sinne, PRATYAHARA.

Zurückziehen der Sinne
(Pratyahara)

Um dieses Zurückziehen der Sinne von den Objekten der Außenwelt zu erleichtern, ist es zu Beginn sicher sinnvoll, sich eine geeignete Umgebung für die Meditation zu suchen oder zu schaffen. In der *Svetasvatara Upanishad* steht hierzu:

Auf einem ebenen, sauberen, von Kiesel, Feuer, Sand freien Platz, der durch liebliche Laute und Teiche den Geist

1   *Shatapatha Brahmana*

136

einlädt, das Auge aber nicht belästigt, an einer höhlenrei-
chen, dem Winde nicht ausgesetzten Stelle soll er sich dem
Yoga hingeben.

Dazu erläuterte Shri Bahadur:
»Es ist nicht weiter wichtig, aber du erleichterst dir – vor
allem zu Anfang – einiges, wenn du den Geist etwas
konditionierst. Wir sind in so starkem Maße konditioniert.
Warum den Geist nicht auf die Freiheit konditionieren?
Wähl einen ruhigen Platz, eine ruhige Zeit – am besten
morgens vor dem Frühstück und am Abend vor deiner
Abendmahlzeit –, und setz dich aufrecht und entspannt hin.
Am besten eignen sich hierzu natürlich der Lotossitz (PAD-
MASANA) und der Diamantsitz (VAJRASANA). Doch wenn sie
dir zu Beginn noch zu schwer fallen – bevor du dich nur
auf schmerzende Beine konzentrierst, setz dich auf einen
Stuhl. Wichtig ist nur, daß du entspannt und aufrecht sitzt,
damit Prana ungehindert fließen kann:

STHIRA–SUKHAM–ASANAM.[1]
Die Sitzhaltung soll fest und angenehm sein.

Schließ die Augen und fühl, wie deine Gedanken kommen
und gehen: Wie eine Schar Vögel flattern sie unruhig hin
und her, wie eine Schar Affen toben sie durch den Wald
deines Bewußtseins, deines Un-Bewußtseins. Verjag sie
nicht, versuch nicht, sie zu unterdrücken. Beobachte sie
einfach, ruhig und gelassen. Identifizier dich nicht mit
ihnen, sei der ewige Zeuge, und sie werden sich von selbst

1 *Yoga Sutras* II/46

beruhigen und schließlich verschwinden, sich auflösen wie Frühnebel in den Strahlen der Sonne. Ist dieser Zustand erreicht, folgt die Konzentration des Geistes (DHARANA). Aber dies ist kein gewaltsames Konzentrieren! Es ist wohl eher ein Fokussieren, ein sanftes Bündeln des Geistes in einem Brennpunkt. Dharana! Das entspricht wohl am ehesten dem, was ihr im Westen mit Meditation meint: die Fokussierung des Geistes auf einen Punkt, einen Klang, ein Bild, Gott.«

Meditation
(Samyama)

Fokussierung des Geistes
(Dharana)

»Wir haben hierzu eine Vielzahl von Methoden entwickelt, von denen einige sicher nicht so geeignet für diese Zeit oder für den Westen sind. Viele wurden zu rein mechanischen Ritualen, wie zum Beispiel das ständige Wiederholen (Japa) eines Mantra mit Hilfe einer Gebetskette (Mala). Doch im wesentlichen unterscheiden wir zwei Arten der Fokussierung: SAGUNA DHARANA und NIRGUNA DHARANA. Bei

Konzentration und Meditation

Saguna Dharana ›konzentrieren‹ wir uns auf eine konkrete Sache, ein visuelles Symbol (Yantra, Mandala), ein Mantra oder eine persönliche Erscheinungsform des Göttlichen (Brahmas). Nirguna Dharana ist abstrakt: die Fokussierung des Geistes auf das Absolute, das reine Sein, Brahman.«

Wichtige MANTRAS, Klänge, die uns helfen, den Geist auf einen Punkt, eben das Mantra, zu konzentrieren, sind zum Beispiel die Keimsilben der Chakras. Diese Mantras sind vor allem dann hilfreich, wenn die Qualitäten des entsprechenden Chakra entwickelt werden sollen oder Blockaden in diesem Bereich auftauchen. Weitere klassische Mantras sind:

RAM.

OM NAMAHA SHIVAYA.

AHAM BRAHMASMI.

Mantras, die den Geist auf das eigenschaftslose Absolute ausrichten (Nirguna Mantras), sind:

OM.

SOHAM.

Die Technik der Mantrameditation ist denkbar einfach: Man wiederholt diesen Klang in Gedanken wieder und immer wieder. Mit der Zeit kommen alle anderen Gedanken zur Ruhe, der Geist wird eins mit dem Mantra, bis schließlich auch dieses – zunächst nur für Bruchteile von Sekunden – transzendiert wird und der Geist in der Quelle aller Gedankenaktivitäten zur Ruhe kommt. Dies ist DHYANA – Meditation – und auf höherer Ebene

Konzentration und Meditation

SAMADHI: der wahre Kern des Menschen, Atman, Purusha, Brahman. Über die Silbe OM heißt es:

Denn diese Silbe ist Brahman, denn diese Silbe ist das Höchste. Wer sie begriffen hat, erreicht jeglichen Wunsch. Sie ist die beste Stütze, die höchste Stütze. Wer sie begriffen hat, wird erhöht in Brahmans Welt. Der Weise wird nicht geboren, noch stirbt er. Nicht hat er einen Ursprung, noch ist er wandelbar. Ungeboren, beständig, ewig und von altersher wird er mit dem Leib nicht getötet.[1]

Eine weitere wirkungsvolle und doch einfache Form von Samyama ist VIPASHYANA, wie es mich Swami Advaitananda lehrte.

Vipashyana (Pali: VIPASSANA) ist eine Form der Achtsamkeit, der losgelösten Beobachtung aller materiellen und seelischen Vorgänge, wie sie vor allem in vielen buddhistischen Schulen geübt wird. In ihrer höchsten Ausprägung wird sie den ganzen Tag geübt. Alles, was wir tun und denken, alles, war wir fühlen und zu sein glauben, wird ohne Anhaften betrachtet, um so das Wesen allen relativen Seins zu erkennen: Vergänglichkeit, Leidhaftigkeit, Unpersönlichkeit. Jeder Augenblick des Lebens wird dadurch zur Meditation, jede Handlung, jede noch so kleine Gefühlsregung. Doch für die Einübung in Samyama wählte Advaitananda den Atem. Von Buddha ist überliefert, daß er sagte, daß jeder, der auch nur fünf Atemzüge *voll bewußt* ausübe, sofort Erleuchtung erlange.

Es ist nicht wichtig, ob wir den Atem, das Gehen oder

1 *Kathaka Upanishad*

142

irgendeine andere Tätigkeit als Meditationsobjekt wählen, doch bietet sich der Atem aus einer Vielzahl von Gründen zur Einübung von Vipashyana an: Wir sitzen völlig entspannt, wir können Außenreize weitgehend ausschalten, Körper und Geist sind eins: ruhig, friedlich. Mein Lehrer sagte dazu:

»Auf wen kannst du dich bedingungslos verlassen? Wer ist dein vertrauenswürdigster Freund? Wer läßt dich nie im Stich? – Es ist dein Atem! Wenn er geht, gehst auch du! Beobachte also deinen Atem, losgelöst von allem, den Geist nur auf ein Ziel gerichtet, das Strömen des Atems, das ewige Entstehen und Vergehen, das Ein und Aus des Universums. Fühl dieses Ein und Aus – entweder im Heben und Senken der Bauchdecke oder dem leisen Hauch zwischen Nasenspitze und Oberlippe. Sei dir dieser Sache voll bewußt – und nur dieser, und du wirst die Klarheit des Geistes erlangen: unteilbar, ewig, seit Anbeginn aller Zeit.«

Die Arten der Meditation sind Legion, doch haben sie alle eines gemeinsam: Achtsamkeit. Ein völlig entspanntes Konzentrieren auf die körperlich-geistigen Vorgänge, wie es der Spruch eines Zen-Patriarchen verdeutlicht:

Wenn du gehst, gehe.
Wenn du läufst, laufe.
Vor allem aber: Wackle nicht!

Versenkung und Überbewußtsein
(Dhyana und Samadhi)

Zurückziehen der Sinne und Fokussierung des Geistes (PRATYAHARA und DHARANA) sind die letzten »Übungen« auf dem Weg, das letzte, was getan werden kann. Versenkung und Überbewußtsein (DHYANA und SAMADHI) geschehen – wenn die Zeit reif ist.

Dieser Atman kann weder durch Studium
noch durch Opfer und Gelehrsamkeit
verwirklicht werden.
Nur von dem wird ER erreicht,
den ER sich erwählt.
Nur dem offenbart ER sich.[1]

1 *Kathaka Upanishad*

8

GOTT UND DIE WELT –
ein kurzer Abriß indischer Philosophie

Die Entstehung der Welt

Weder Nichtsein noch Sein war damals; nicht war der Luftraum noch der Himmel darüber. Was strich hin und her? Wo? In wessen Obhut? Was war das unergründlich tiefe Wasser?

Weder Tod noch Unsterblichkeit war damals; nicht gab es ein Anzeichen von Tag und Nacht. Es atmete nach seinem Eigengesetz ohne Windzug dieses EINE. Irgendein Anderes als dieses war weiter nicht vorhanden.

Im Anfang war Finsternis in Finsternis versteckt; all dieses war unkenntliche Flut. Das Lebenskräftige, das von Leere eingeschlossen war, das EINE wurde durch die Macht seines heißen Dranges geboren.

Über dieses kam am Anfang das Liebesverlangen, was des Denkens erster Same war. – Im Herzen forschend machten die Weisen durch Nachdenken das Band des Seins im Nichtsein ausfindig.

Quer hindurch ward ihre Richtschnur gespannt. Gab es denn ein Unten, gab es ein Oben? Es waren Besamer, es waren Ausdehnungskräfte da. Unterhalb war der Trieb, oberhalb die Gewährung.

Wer weiß es gewiß, wer kann es verkünden, woher sie entstanden, die Schöpfung dieser Welt. Wer weiß es dann, woraus sie sich entwickelt hat?

Woraus diese Schöpfung sich entwickelt hat, ob er sie gemacht hat oder nicht – der der Aufseher dieser Welt im höchsten Himmel ist, der allein weiß es, es sei denn, daß auch er es nicht weiß.[1]

Dies ist also das Ziel: das eigenschaftslose Sein vor Beginn aller Zeit, NIRGUNA BRAHMAN, jenseits von Geburt und Tod. Laut dem indischen Schöpfungsmythos schwillt das eigenschaftslose (Nirguna) Brahman an und schafft durch seine »Zauberkraft« (Maya) die Realität, in der wir leben. Hier erscheint nun das Sein als Saguna (mit Eigenschaften behaftetes) Brahman, als personifizierter Schöpfergott BRAHMA.

Hinduistisches Pantheon

Yoga ist zwar ein Weg, der ohne Glauben an irgendwelche Götter auskommt, ja, einen blinden Glauben als Hindernis ablehnt, doch ist das indische Pantheon ein Spiegelbild menschlichen Seins und so der Betrachtung wert.

1   K. F. Geldner: *Der Rig-Veda,* London, 1951

440 Millionen Götter sollen es sein – und alle nur Einzelaspekte des EINEN! Vorarische Götter der Ureinwohner verschmelzen mit den Göttern der Einwanderer, gehen durch Metamorphosen, präsentieren sich in immer neuem Gewand. Und jede Einwanderung bereichert die Vielfalt: buddhistisches, christliches, islamisches Gedankengut wird aufgenommen und assimiliert.

Doch ein Gemeinsames haben alle die unterschiedlichen Strömungen und Sekten: den Glauben an die TRIMURTI, die Göttertrias Brahma, Vishnu und Shiva.

Brahma

Am Ende eines jeden Weltenzyklus löst sich das Universum in seinen Urzustand auf. Alles kehrt zurück in das Nirguna Brahman, eins ohne zweites. Vishnu liegt in kontemplativem Schlaf auf dem uferlosen kosmischen Ozean. Aus seinem Nabel entspringt eine Lotosblüte, die Brahma hervorbringt, den Schöpfer der Welt. Von Ewigkeit zu Ewigkeit weht das göttliche Spiel, ohne Anfang, ohne Ende. Entstehen und Verlöschen des Universums sind nichts anderes als Tage und Nächte Brahmas.

Vishnu

Er gilt als der Erhalter der Welt, mit der Aufgabe, sich immer dann zu inkarnieren, wenn der SANATANA DHARMA, das ewige Gesetz, in Gefahr ist.

Zehnmal inkarniert sich Vishnu in den vier Weltzeitaltern: als Fisch, Schildkröte, Eber und Menschlöwe im ersten; als Zwerg, Rama mit der Axt und Rama der Held im zweiten Weltzeitalter.

Am Ende des dritten Zeitalters erscheint Vishnu schließlich in der volkstümlichen Inkarnation Krishnas, des flötespielenden Hirten, des Helden der Bhagavad Gita. Buddha gilt als die neunte Inkarnation im gegenwärtigen vierten Zeitalter, dessen Ende von dem letzten AVATAR, Kalki, herbeigeführt wird.

Danach versinkt Vishnu wieder in seinen kontemplativen Schlaf, um zu Beginn eines neuen Weltenzyklus erneut zu erwachen.

Shiva

Shiva ist das transzendente Absolute, die letzte Wirklichkeit – und der Gott der Auflösung und Zerstörung, Zerstörung von Unwissenheit und Nicht-Erkenntnis. Er gilt als Herr des Yogas (Mahayogin), Meister der Musik und König des Tanzes (Nataraja). Häufig wird er in sexueller Vereinigung mit seiner SHAKTI dargestellt und symbolisiert so die mythischen Vorstellungen einer in sich ruhenden Polarität von männlich befruchtender und weiblich schöpferischer Energie.

Shakti

So wie Shiva erst durch seine Vermählung mit Sati der Aufstieg in die arische Götterwelt gelang, erlangen auch die anderen Götter ihre eigentliche Macht erst durch ihre Gattinnen, ihre Shakti.

Shakti ist die Personifizierung der Urenergie, der dynamischen Kraft des Brahman. Unter einer Vielzahl von Namen – je nach ihrem Aspekt des Göttlichen – wird die Shakti verehrt: Durga, Kali, Chandi, Bhavani und Parvati – wechselnde Namen der ewigen Energie des Universums.

Parvati: Sie ist eine Inkarnation Satis, der ursprünglichen Gattin Shivas. Sie gilt in ihrem freundlichen Aspekt als Ernährerin (Annapurna), Beschützerin der Welt (Durga) und Besiegerin von Dämonen. In ihrem furchtbaren Aspekt ist sie Kali, die Herrin und Zerstörerin der Zeit, die alles hervorbringt und am Ende eines Weltzeitalters wieder alles verschlingt.

Sarasvati: Die Gemahlin Brahmas gilt als die Mutter der Veden, als Göttin der Poesie, der Musik und der Redekunst.

Lakshmi: Die Gemahlin Vishnus ist die Göttin der Schönheit, des Reichtums und des Glücks. Mit jeder Inkarnation Vishnus wird auch sie inkarniert. So ist sie Sita im *Ramayana,* Krishnas Rukmini, und am Ende dieses Weltenzyklus wird sie zu Durga.

Die vier Weltzeitalter

Ebenso weiträumig wie das hinduistische Pantheon ist das System der Zeitperioden, in denen sich Schöpfung und Vergehen abspielen. Jeder Weltenzyklus ist in vier Perioden (YUGAS) strukturiert.

Die erste und vollkommenste Periode ist das KRITA- oder SATYA-YUGA, das goldene Zeitalter. »Es gibt weder Haß noch Neid, Kummer, Angst oder Bedrohung. Es gibt nur einen Gott, einen Veda, ein Gesetz und einen Ritus.«[1]

Im TRETA-YUGA bilden sich soziale Unterschiede heraus, das menschliche Zusammenleben wird schwieriger, die Tugenden nehmen ab. Die Harmonie in allen Daseinserscheinungen ist nur noch zu drei Viertel vorhanden.

Im DVAPARA-YUGA ist die Rechtschaffenheit auf die Hälfte geschrumpft. Selbstsüchtige Wünsche tauchen auf, Krankheiten. Riten treten an Stelle echter Religion.

Im gegenwärtigen KALI-YUGA schließlich gerät echte Erkenntnis in Vergessenheit. Die Menschen sind von Leidenschaften geblendet und schwächen sich selbst. Materialistische Interessen bestimmen das Denken. Das Universum steuert zielstrebig auf die Vernichtung allen Daseins zu.

Am Ende dieser Epoche erscheint Kalki, der Zerstörer des Universums. Er erscheint in der Gestalt des Nataraja, des Herrn des Tanzes. Shiva und Vishnu verschmelzen zu einer Wesenheit. Mit seinem Tanz zerstört Kalki das Universum und schafft so die Voraussetzungen für einen Neubeginn.

---

1   *Lexikon der östlichen Weisheitslehren,* Bern 1986

Die vier Yugas ergeben zusammen ein MAHA-YUGA. Ein Maha-Yuga entspricht einem Tag Brahmas, dem eine ebensolange Nacht folgt. Es gibt für die Zeitdauer dieser Zyklen die unterschiedlichsten Berechnungsmethoden, die allerdings ein Gemeinsames haben: ihre wahrhaft gigantische Größe. So dauert nach einer der gebräuchlichsten Methoden das Krita-Yuga 1 728 000 Menschenjahre, Treta-Yuga 1 296 000, Dvapara-Yuga 864 000 und das Kali-Yuga, das nach dieser Berechnung 3102 v. Chr. begann, 432 000 Jahre.

Und so schleppt sich der Mensch in immer neuen Inkarnationen durch diesen Kreislauf alles Lebendigen (SAMSARA), ein ewiges Stirb-und-Werde ohne Anfang und Ende. Aus diesem Teufelskreis der Vergänglichkeit gibt es nur einen Ausweg: MOKSHA, die endgültige Befreiung von Geburt und Tod, das Ziel allen menschlichen Seins.

Der Mensch

Karma und Dharma

Es ist besser, sein eigenes Gesetz unvollkommen als das Gesetz eines anderen vollkommen zu erfüllen.[1]

Wie das Universum einem ewigen Gesetz folgt, unterliegt auch jeder Mensch seinem ganz speziellen Dharma, seiner

1 *Bhagavad Gita*, 18.47

ureigenen Ethik und Moral, die eng mit seinem Karma, der Konsequenz aus all seinen Handlungen in diesem und in früheren Leben, verbunden sind.

Aufgrund dieses universellen Gesetzes von Ursache und Wirkung wird der Mensch geboren, und er findet sich in jedem neuen Leben Aufgaben gegenüber, die nur er lösen kann; von Wiedergeburt zu Wiedergeburt, bis sein Karma erfüllt ist. Immer wieder stellt sich uns dieselbe Aufgabe in neuer Verpackung. Doch es ist nicht leicht, unter einer Vielzahl von Lösungen die richtige zu finden. Und so gibt es auch hier nur eine Chance: das eigene Selbst zu entdecken.

Die Lebensalter

Das Leben des Menschen gliedert sich nach hinduistischer Auffassung in vier Abschnitte: Lehrzeit (BRAHMACHARYA), Hausvater (GRIHASTHA), Waldbewohner (VANAPRASTHA) und Entsagung (SANNYASA).

Die erste Periode dient dem Studium, der Entwicklung weltlicher und spiritueller Werte.

Als »Hausvater« hat der Mensch die Aufgabe, eine Familie zu gründen und seine Pflichten gemäß seinem ureigenen Gesetz (Dharma) gegenüber der Gemeinschaft zu erfüllen.

Hat der Mensch seine Aufgabe als »Hausvater« erfüllt, zieht er sich in die Einsamkeit der Wälder zurück, um sich ganz einem spirituellen Leben zu widmen.

In den *Gesetzen des Manu* wird dem »Waldbewohner« empfohlen, sich während des Sommers der Hitze von fünf Feuern auszusetzen, während der Regenzeit ungeschützt unter freiem Himmel zu leben und im Winter feuchte Kleidung zu tragen.

Das Leben als »Waldbewohner« bereitet den Menschen auf den letzten Lebensabschnitt vor, das Leben als Sannyasin. Alles Streben ist nun auf Befreiung (MOKSHA) aus dem Kreislauf von Geburt und Tod und neuerlicher Geburt ausgerichtet. In völliger Armut und Besitzlosigkeit wandert er als »lebendiger Zeuge der Wirklichkeit Gottes«[1] umher.

Er hat nun alle Pflichten gemäß seinem Dharma erfüllt und ist zur wahrhaft »freien Seele« geworden, die das trügerische Spiel materieller Wünsche und Freuden durchschaut, frei ist von jeglicher Dualität wie Gut und Böse, Liebe und Haß.

Prakriti und Purusha

Mensch und Universum sind nach hinduistischer Auffassung wesensgleich. Am Anfang eines jeden Schöpfungszyklus vereinigt Brahman in sich in vollkommener Harmonie PURUSHA und PRAKRITI.

Prakriti ist die Urform aller Materie, aus der alle Formen entstehen. Ihre Struktur wird von den drei GUNAS – RAJAS, SATTVA und TAMAS – bestimmt.

Alles Materielle besteht aus dem Zusammenspiel dieser drei Grundeigenschaften (Gunas). Rajas ist alles Erregende, Sattva alles Friedfertige und Gelassene, Tamas alles Dumpfe, Finstere.

1 *Lexikon der östlichen Weisheitslehren*

Purusha ist die Urform der Energie, formlos, eigenschaftslos, jenseits von Raum und Zeit, der unbeteiligte Betrachter aller Wandlungen der Materie.

Aus dem Zusammenspiel von Energie und Materie, Purusha und Prakriti, entsteht die Welt des Denkens und der Erscheinungen. Der Mensch identifiziert sich mehr und mehr mit seiner rein materiellen und intellektuellen Seite und »vergißt« im Laufe seiner Existenzen, daß Purusha identisch ist mit Atman, dem unsterblichen Selbst des Menschen. Dieser Atman ist absolutes Sein, absolutes Bewußtsein, absolute Seligkeit (SATCHIDANANDA) – Brahman.

Und so schließt sich der Kreis: Der Mensch wandert in seinem »Kreislauf der Existenzen« (Samsara) durch Äonen von Weltenzyklen, von Geburt zu Tod und Wiedergeburt, ein sich ständig drehendes Rad der Enttäuschung und Schmerzen, bis er die eigene göttliche Identität wiederfindet:

AHAM BRAHMAN ASMI.
Mein Selbst ist Brahman.

Die sechs Systeme indischer Philosophie

Die hinduistische Philosophie gliedert sich in sechs Systeme, die alle dasselbe Ziel haben: Vereinigung mit dem Absoluten, Befreiung von Geburt und Tod.

Die einzelnen Systeme sind vielfach miteinander verwoben, durchdringen einander, ergänzen sich, so daß bei den spirituellen Lehrern meist ein sehr individuelles Gemisch aus allen Systemen besteht. Der Lehrer übernimmt das, was er als »zum Ziele führend« erkannt und erlebt hat.

Vaisheshika

Das älteste systematische Werk der VAISHESHIKA-Schule geht auf Kanada zurück, den Verfasser der *Vaisheshika-Sutra*. Vaisheshika analysiert die Eigenschaften, die einen Gegenstand vom anderen unterscheiden. (So enthält Kanadas Werk schon im zweiten vorchristlichen Jahrhundert z. B. eine recht ausführliche Atomlehre.) Kanada teilt die Vielfalt der Schöpfung in sechs Kategorien, die sogenannten PADARTHAS, ein. Durch besondere Pflichterfüllung können diese erkannt und erfahren werden. Diese Erfahrung führt zur Erleuchtung, zu SATCHIDANANDA.

Die sechs Padarthas, die jedem Gegenstand der Schöpfung seine Individualität verleihen, sind:

1. DRAVYA — seine Substanz oder Materie
2. GUNA — seine Eigenschaften (SATTVA, RAJAS, TAMAS)
3. KARMA — früheres und jetziges Handeln
4. SAMANYA — seine Gemeinsamkeit mit anderen
5. VIVESHA — Verschiedenheiten von anderen
6. SAMAVAYA — die Inhärenz, die Verknüpfung als Teil mit dem Ganzen.

Nyaya

NYAYA ist die Wissenschaft der Beweisführung, der logischen Erkenntnis. Durch analytische Erforschung werden Subjekt und Objekt menschlicher Erkenntnis erfahren. Ihr letztes Ziel ist die Erforschung der Seele und des Sinns menschlicher Existenz.

Sankhya

In der von Kapila begründeten Philosophie des SANKHYA wird die Gesamtheit aller Erscheinungen des Universums auf 25 Begriffe zurückgeführt. Mit fortschreitender Entfernung vom Ursprung werden die Erscheinungen roher und dichter, Feinstoffliches weicht mehr und mehr einer Grobstofflichkeit. Alle Wege zum Selbst führen folglich in umgekehrter Reihenfolge in immer feinere, subtilere Bereiche des Geistes, bis schließlich der Ursprung allen Seins erfahren wird. Die 25 Kategorien kosmischer Evolution sind nach Kapilas Lehre:

PURUSHA	der ewige schweigende Zeuge all dessen, was war, ist und sein wird.
PRAKRITI	die Ursubstanz der Schöpfung. Ihre Bestandteile sind die drei GUNAS.
	RAJAS: das erregende, leidenschaftliche Moment
	SATTVA: Reinheit, friedliche Güte und Freude
	TAMAS: dumpfe, inaktive Kräfte der Natur, die sich als Trägheit, Unklarheit und Finsternis in der Schöpfung manifestieren.
	Alle Objekte der Erscheinungswelt bestehen aus diesen Grundeigenschaften. Der Weg nach innen fordert also die Überwindung von Tamas durch Rajas, die Überwindung von Rajas durch Sattva. Um die letzte Realität – Atman/Brahman – zu erreichen, muß auch Sattva transzendiert werden.
MAHAT	der kosmische Wille, der Drang nach Manifestation, der durch die Störung der vollkommenen Harmonie der drei Gunas hervorgerufen wird.
AHAMKARA	das Ichbewußtsein, das alle geistigen Vorgänge ermöglicht.
MANAS	individueller Geist, die Denkfähigkeit. Durch Manas empfangen wir die Eindrücke der Erscheinungswelt.
INDRIYAS	Diese zehn Prinzipien verbinden den

Geist mit der manifesten Welt der Erscheinungen. Sie bestehen aus den fünf Sinnen der Wahrnehmung und den fünf Organen der Tätigkeit.

TANMATRAS die fünf Grundsubstanzen, aus denen sich alle gröberen Elemente aufbauen:

SHABDA: Ton, Klang

SPARSHA: Tastsinn, Berührung

RUPA: Sehen, Form

RASA: Geschmack

GANDHA: Geruch

MAHABHUTAS Dies sind die fünf Elemente der materiellen Schöpfung:

AKASHA: Äther, Raum

VAYU: Luft

TEJAS: Feuer

APAS: Wasser

PRITHIVI: Erde

MIMAMSA bedeutet Erforschung und Betrachtung allen Handelns. Hierbei steht die Frage nach den Handlungen im Vordergrund, die im Einklang mit dem Dharma sind. Der Einfluß jeder Handlung ist nach dieser Philosophie viel weitreichender, als es menschlichem Verstehen zugänglich ist. Jede noch so kleine Handlung, jeder Gedanke ist wie ein Stein, der in einen See geworfen wird: Die Ringe breiten sich – sichtbar oder unsichtbar – über den ganzen See aus. Die gesamte Wassermenge verändert sich. Alles hat also wahrhaft kosmische Ausmaße.

So versucht *Jaimini* in seinem *Mimamsa Sutra* ein System aller Regeln und Vorschriften für die richtige rituelle Handlung zu erstellen. Hierbei kommt es auf die absolute Korrektheit jeder Bewegung, jedes Wortes, ja jedes Buchstaben an.

Wort und Klang werden als ebenso ewig und unvergänglich wie der Raum betrachtet. Vor allem der richtigen Intonation eines Mantra kommt höchste Bedeutung zu, entsprechen sich doch hier Wort und Inhalt vollständig.

Yoga und Vedanta

YOGA und VEDANTA waren das Zentrum aller Lehren, die ich in Indien erhielt. Sie bilden einen praxisorientierteren Zugang zum eigenen, göttlichen Selbst. In den vorangegangenen Kapiteln wurde deshalb in erster Linie auf diese beiden Wege indischer Philosophie näher eingegangen.

Das klassische Zusammenspiel aller sechs Systeme beschreibt Maharishi Mahesh in seinem Kommentar zur *Bhagavad Gita:*

NYAYA analysiert die Richtigkeit des Vorgehens zur Erlangung des Wissens. Wurde mit Hilfe von Nyaya der Gegenstand der Untersuchung in richtiger Weise erreicht, so wendet man sich zu dem zweiten System, VAISHESHIKA, welches die Kriterien für die Analyse der besonderen Eigenschaften, die den Gegenstand von anderen Gegenständen unterscheiden, herausstellt. Hat Vaisheshika den zu behandelnden Gegenstand der Untersuchung eindeutig identifiziert, so zählt das dritte System, SANKHYA, die verschiedenen Komponenten des Gegenstandes auf. YOGA, das vierte System, bietet dann einen Weg der unmittelbaren Erkenntnis des Objektes. Das Wissen um die Arten der Tätigkeit des Gegenstandes und seiner Komponenten wird durch das fünfte System, KARMA MIMAMSA, vermittelt. Nachdem diese fünf Systeme die verschiedenen Aspekte des zu untersuchenden Gegenstandes aus der Sicht relativer Existenz analysiert haben, zeigt das sechste System, VEDANTA, daß die letzte Wirklichkeit des Gegenstandes, die allen seinen verschiedenen Bestandteilen zugrunde liegt, ihrer Natur nach absolut ist.[1]

1 Maharishi Mahesh: *Bhagavad Gita*, Stuttgart 1971

GLOSSAR

ACHARYA: Lehrer, spiritueller Meister.

ADVAITA: Nichtzweiheit.

ADVAITA VEDANTA: eine Richtung des Vedanta, die die absolute Identität von Schöpfer und Schöpfung lehrt.

AHIMSA: Gewaltlosigkeit, Nichtverletzen.

AKASHA: Raum, Äther. Das feinste der fünf Elemente.

ASANAS: verschiedene Körperhaltungen des Hatha Yoga.

ASHRAM: Versammlungsort spirituell Strebender.

ASTHANGA YOGA: achtgliedriger Yoga (vgl. RAJA YOGA).

ATMAN: unsterbliches Selbst. Seele des Menschen.

ATSCHA: Hindi: gut.

AVIDYA: Nicht-Wissen.

AYURVEDA: Wissenschaft vom Leben, Gesundheitslehre.

BABA: Vater. Anrede für Yogis und Sadhus.

BHAGWAN: der Erhabene, Gott. Auch für verehrte Personen, von denen man glaubt, daß sie Gott verwirklicht haben (hier: Bhagwan Shree Rajneesh).

BHAKTA: Anhänger des Bhakti Yoga.

BHAKTI: Hingabe.

BHAKTI YOGA: einer der vier Hauptwege des Yoga, der Weg der Hingabe an Gott.

BRAHMA: Gott in seinem Aspekt als Schöpfer.

BRAHMACHARYA: »Enthaltsamkeit«.

BRAHMAN: das ewige, absolute Sein.

BRAHMANA: Lehrschrift, Anleitung zum richtigen Gebrauch der Veden.

BUDDHA: der »Erwachte«: Siddhartha Gautama, ein Fürstensohn aus dem Geschlecht der Shakyas, der im sechsten vorchristlichen Jahrhundert in Indien lehrte.

CHAKRA: Rad, Kreis: Energiezentren im menschlichen Körper.

CHAPATI: Fladenbrot.

DARSHAN: Anblick. Begegnung mit einem Heiligen.

DHAL: Linsengericht.

DHARMA: das »Gesetz des Lebens« jedes einzelnen, das vom individuellen Karma geprägt ist.

DHARANA: Konzentration. Der fünfte »Zweig« des Raja Yoga.

DHYANA: Versenkung. Der sechste »Zweig« des Raja Yoga.

GANGA: der Ganges.

GHEE: geklärte Butter.

GITA: Kurzform von *Bhagavad Gita:* der »Gesang des

Erhabenen«, einer der bedeutendsten religiösen Texte Indiens.

GUNA: Grundeigenschaften aller Objekte.

GURU: spiritueller Meister.

HARA: im Zen-Buddhismus die geistige Mitte des Menschen.

HATHA YOGA: eine Technik des Raja Yoga, die sich in erster Linie mit körperlichen Übungen beschäftigt.

HATHA YOGA PRADIPIKA: »Leuchte des Hatha Yoga«. Lehrschrift über Hatha Yoga aus dem 16. Jh.

HUKA: Wasserpfeife.

IDA: einer der Kanäle der Lebensenergie (NADIS).

JAMMU: Winterhauptstadt Kaschmirs.

JAPA: ständige Wiederholung eines Mantra.

JHELUM: Fluß in Kaschmir.

JIVA: das sich mit Körper und Denken identifizierende Selbst.

JIVANMUKTA: ein »zu Lebzeiten Befreiter«.

JNANA YOGA: der Yogaweg der Erkenntnis.

JNANIN: Anhänger des Jnana Yoga.

KAIVALYA: vollkommene Erlösung, Befreiung.

KALI: die göttliche Mutter, Gemahlin Shivas.

KARMA: »Tat«. Konsequenz aus der Summe all unserer Handlungen in diesem und in früheren Leben.

KARMA YOGA: der Yogaweg der Tat.

KIRTAN: gemeinsames Singen und Tanzen zu Ehren Gottes.

KRISHNA: achte Inkarnation Vishnus. Der Verkünder der *Bhagavad Gita*.

KRIYA: Reinigungsübung.

KUNDALINI: »Schlangenkraft«. Mystische Energie an der Wurzel der Wirbelsäule.

LILA: das »göttliche Spiel« in der Welt der Erscheinungen.

LINGAM: Symbol Shivas in Form eines Phallus.

MAHARISHI: »großer Seher«. Ehrentitel für Erleuchtete.

MAHAYOGIN: Shiva als größter aller Yogis.

MALA: Gebetskette.

MANTRA: heilige Silbe.

MAYA: die kosmische Illusion, die die Sicht des Menschen verschleiert.

MOKSHA: Befreiung und Erlösung von allen weltlichen Bindungen, vom Kreislauf von Geburt und Tod.

MUDRA: symbolische Handhaltung, Geste.

MUMUSHUTVA: Streben nach Befreiung.

NADI: Energiekanal im menschlichen Körper.

NAMASKAR: »Verbeugung, Verehrung«. Indischer Gruß.

NANDI: der Stier Shivas.

NIRGUNA: ohne Eigenschaften.

NIYAMA: »innere Disziplin«. Zweiter »Zweig« des Raja Yoga.

PADA: Weg.

PARAMANANDA: »höchste Seligkeit«.

PATANJALI: Verfasser der *Yoga Sutras* im zweiten vorchristlichen Jahrhundert.

PINGALA: Energiekanal entlang der Wirbelsäule.

PRAKRITI: Urmaterie des Universums.

PRANA: kosmische Lebensenergie, Atem.

PRANAYAMA: Beherrschung des Prana. Häufig mit Atemübungen gleichgesetzt. Der dritte »Zweig« des Raja Yoga.

PRATYAHARA: Zurückziehen der Sinne. Der vierte »Zweig« des Raja Yoga.

PUJA: Zeremonie zu Ehren Gottes.

PURUSHA: absolutes, reines Bewußtsein. Der »ewige« Mensch.

RAJA YOGA: der »königliche Yoga«. Achtgliedriges Yogasystem nach den *Yoga Sutras* des Patanjali.

RAMA: siebte Inkarnation Vishnus. Held des *Ramayana.*

RAMAKRISHNA: bengalischer Heiliger im 19. Jahrhundert. Lehrer Swami Vivekanandas.

RISHIKESH: heilige Stadt am Oberlauf des Ganges.

RUDRA: »der Schreckliche«. Vedische Gottheit, die später mit Shiva gleichgesetzt wird.

SADHU: ein Gottsucher, der der Welt entsagt hat.

SAGUNA: mit Eigenschaften behaftet.

SAHIB: Herr. Bezeichnung für westliche Ausländer in Indien.

SAMADHI: Überbewußtsein. Vereinigung mit dem Absoluten. Letzter »Zweig« und Ziel des Raja Yoga.

SAMYAMA: »Zügelung«. Die Zusammenfassung der letzten drei »Zweige« des Raja Yoga.

SANATANA DHARMA: das »ewige Gesetz«.

SANKHYA: eines der sechs hinduistischen Philosophiesysteme.

SANNYASIN: ein Mensch, der der Welt entsagt.

SATSANG: Zusammensein mit einem Heiligen.

SHAKTI: »Kraft, Energie«. Göttliche Mutter.

SHANKARA: Hauptvertreter des Advaita Vedanta im 8. Jahrhundert.

SHANTI: Friede.

SHATSAMPATTI: »die sechs großen Errungenschaften«.

SHIVA: Gott der Auflösung und Zerstörung in der hinduistischen Göttertrias.

SHIVALINGAM: siehe LINGAM.

SHIVANANDA: indischer Heiliger (1887–1963), der nach der Aufgabe seines Arztberufes als Sadhu durch Indien wanderte, bevor er in Rishikesh zum Swami geweiht wurde.

SHUSHUMNA: wichtigster Energiekanal im Rückenmark.

SIDDHA: erleuchteter Heiliger.

SIDDHI: »vollkommene Fähigkeit«. Scheinbar übernatürliche Kräfte, die sich als Nebenprodukt spiritueller Entwicklung einstellen.

SITA: Gemahlin Ramas.

SUTRA: Leitfaden, Lehrspruch.

SWAMI: Angehöriger eines indischen Mönchsordens.

TABLA: kleine Trommeln.

TANTRA: eine der Grundlagen des SANATANA DHARMA. Zentrales Thema ist die SHAKTI, die göttliche Energie in Form des Weiblichen. Meditation in Verbindung mit sexuellen Praktiken.

TAT WALE BABA: berühmter Yogi, der 1973 (?) erschossen wurde.

TSCHAI: Tee.

UPANISHADEN: »Geheimlehren«. Schlußbetrachtungen über die Veden. Die Grundlage des Vedanta.

VAIRAGYA: »Leidenschaftslosigkeit«. Zentraler Begriff des Vedanta, der das Herauswachsen aus der Vergänglichkeit bezeichnet.

VEDA: Wissen. Gesamtheit der ältesten Texte des Hinduismus, gegliedert in vier Hauptabteilungen: *Rigveda, Samaveda, Yajurveda und Atharvaveda.*

VEDANTA: »Ende des Wissens«, »Ende der Veden«. Schlußbetrachtungen zu den Veden.

VEDANTIN: Anhänger des Vedanta.

VICHARA: »Unterscheidung, Prüfung«. Ständige Erforschung und Prüfung aller materiellen und geistigen Vorgänge.

VIPASHYANA (Pali: VIPASSANA): Meditationsform. Erkenntnis der drei Merkmale allen Daseins: Vergänglichkeit, Leidhaftigkeit, Unpersönlichkeit.

VISHNU: der Erhalter der Welt.

VIVEKA: »Unterscheidung«. Unterscheidungsvermögen zwischen Ewigem und Vergänglichem.

VIVEKANANDA: bedeutender Schüler Ramakrishnas.

VRITTI: Gedankenschwingung.

VYASA: »Sammler«. Begründer der Vedanta-Philosophie.

YAMA: »äußere Disziplin«. Der erste »Zweig« des Raja Yoga.

YANTRA: mystisches geometrisches Diagramm als Meditationshilfe.

YOGA: »Joch«. Vereinigung mit dem eigenen unsterblichen Selbst.

YONI: »Schoß«. Dreieckiges Symbol des Weiblichen.

ZEN: Meditationsform des Mahayana-Buddhismus.

KURZE BIBLIOGRAPHIE

Blofeld, J.: *Die Macht des heiligen Lautes,* Bern 1978.

Brahmachari, D.:*Yoga hilft heilen,* Freiburg 1983.

Diener, M. u. a.: *Lexikon der östlichen Weisheitslehren,* Bern 1986.

Feddersen, K.: *Der Heilsweg des Buddha,* Gelnhausen 1963.

Geldner, K. F.: *Der Rig-Veda,* London 1951.

Glasenapp, H. v.: *Bhagavadgita,* Stuttgart 1955.

derselbe: *Weisheit des Buddha,* Baden-Baden 1946.

Goldstein, J.: *Vipassana Meditation,* Berlin 1978.

Govinda, A.: *Grundlagen tibetischer Mystik,* Bern 1956.

Hillebrandt, A.: *Upanishaden,* Köln 1977.

Johari, H.: *Das große Chakra-Buch,* Freiburg 1979.

Lysebeth, A. v.: *Yoga für Menschen von heute,* Gütersloh 1970.

Maharishi Mahesh: *Bhagavad Gita,* Stuttgart 1971.

Otto, R.: *West-östliche Mystik,* München 1971.

Patanjali: *Die Wurzeln des Yoga,* Bern 1976.

Ramakrishna: *Leben und Gleichnis,* Bern 1975.

Rieker, H. U.: *Die 12 Tempel des Geistes,* Zürich 1955.

derselbe: *Das klassische Yoga-Lehrbuch Indiens – Hatha-Yoga Pradipika,* Rascher 1957.

Schleber, E.: *Die indische Götterwelt,* Köln 1986.

Shivananda Yoga Zentrum: *Yoga für alle Lebensstufen,* München 1985.

Svatmaramas Hathayogapradipika, übers. v. H. Walter (1893), Reprint, Olms o. J.

Torwesten, H.: *Vedanta,* Olten 1985.

Vivekananda: *Raja-Yoga,* Freiburg 1983.

Waldemar, Ch.: *Jung und gesund durch Yoga,* Zürich.

Yogananda, P.: *Autobiographie eines Yogi,* Los Angeles 1950; überarbeitete Taschenbuchausgabe Knaur, München 1992.

Westliche Pfade

(4174)

(4191)

(4197)

(4190)

Die Knaur Taschenbuchreihe Esoterik umfaßt mehr als 120 Titel. Fragen Sie Ihren Buchhändler nach dem ausführlichen Prospekt.

Knaur ®

Rüdiger Dahlke
Heilung für Körper und Seele

Knaur ® Heilen

Rüdiger und Margit Dahlke
DIE PSYCHOLOGIE DES BLAUEN DUNSTES
Be-Deutung und Chance des Rauchens

(4214)

Knaur ® Heilen

Rüdiger Dahlke
GEWICHTS PROBLEME
Be-Deutung und Chance von Übergewicht und Untergewicht

(4215)

Knaur ® Heilen

Rüdiger Dahlke
HERZ(ENS) PROBLEME
Be-Deutung und Chance von Herz- und Kreislaufsymptomen

(4228)

Knaur ® Heilen

Rüdiger Dahlke
Robert Hößl
VERDAUUNGSPROBLEME
Be-Deutung und Chance von Magen- und Darmsymptomen

(4237)

Knaur ®

Alternativ Heilen

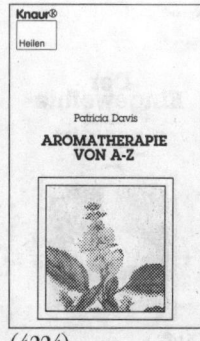

(4224)

(7798)

(4232)

(7755)

(7752)

(7844)

Westliche Wege

Knaur® Esoterik

Jess Stearn
Der schlafende Prophet
Prophezeiungen in Trance
1911 bis 1998

(4124)

Knaur® Esoterik

Der Eingeweihte
Eindrücke
von einer großen Seele
von seinem Schüler

Deutsche Erstausgabe

Band 1

(4133)

Knaur® Esoterik

Der Eingeweihte
Eindrücke
von einer großen Seele
von seinem Schüler

Deutsche Erstausgabe

Band 2

(4163)

Knaur® Esoterik

Lois Bourne
Autobiographie einer Hexe
Vorwort von Colin Wilson
Deutsche Erstausgabe

(4173)

Knaur® Esoterik

Paracelsus

DIE GEHEIMNISSE
Ein Lesebuch aus seinen Schriften
Mit Einleitung und Kommentar von
Will-Erich Peuckert

(4241)